JUF BRAAKSEL EN DE MYSTERIEUZE VERDWIJNING

27 Nov 2021 Madrid

Voor Anastasia,

Van Sint + Piet

Lees ook:
Juf Braaksel en de magische ring
Juf Braaksel en het meesterbrein
Juf Braaksel en de geniale ontsnapping

Carry Slee
Juf Braaksel
en de mysterieuze verdwijning
met illustraties van
Iris Boter

Omslagontwerp: Caren Limpens
Vormgeving binnenwerk: Marieke Oele
Foto Carry Slee © Jan Willem Kaldenbach

ISBN 978 90 488 6189 7
ISBN 978 90 488 6190 3 (e-book)
NUR 282

www.carryslee.nl
www.overamstel.com

OVERAMSTEL
uitgevers

Carry Slee is een imprint van Overamstel uitgevers bv

MIX
Papier van verantwoorde herkomst
FSC® C014496

Voor mijn lieve kleinzoon Nino
die mij altijd blij maakt

1

'Wel stoer, hè, dat we nu in groep zeven zitten?' zegt Lotte als ze op de eerste dag na de zomervakantie met Thijs naar school fietst.

'Superstoer,' zegt Thijs. 'Maar wel jammer dat we juf Evi niet meer hebben.'

'Dat vind ik ook heel jammer,' zegt Lotte. 'Meester Hans is ook aardig, maar ik weet zeker dat ik juf Evi heel erg ga missen.'

Lotte en Thijs zijn niet de enigen. De rest van de klas heeft het er ook moeilijk mee.

'Zij gaan lekker naar juf Evi,' zegt Sanne en ze kijkt naar de leerlingen die nu in groep zes zitten.

De anderen knikken. Maar hoe lief ze juf Evi ook vinden, ze willen niet meer terug naar groep zes.

Trots lopen ze naar het lokaal van groep zeven. Maar dan kijken ze verbaasd op. Niet meester Hans, maar juf Evi staat bij de deur.

'Ik ben zo blij jullie weer te zien,' zegt ze stralend. 'Zoeken jullie maar een plekje. Jullie definitieve plek bepalen we later.'

Als iedereen binnen is, trekt juf Evi de deur dicht.

'Juf, u vergist zich, u moet bij groep zes zijn,' zegt Lotte.

‘Ik heb een verrassing voor jullie,’ zegt juf Evi. ‘Meester Hans heeft in de vakantie besloten dat hij een jaar vrij neemt. Dus jullie zullen het met mij moeten doen.’

‘Yes!’ roept iedereen blij.

‘En groep zes dan, juf?’ vraagt Thijs.

‘Die krijgen Braaksel,’ zegt Daan lachend.

‘Help! Wat zielig! Dat overleven ze niet,’ roept Sanne.

‘Nee hoor,’ zegt juf Evi. ‘Groep zes heeft een nieuwe juf. Juf Margot. Zij wilde heel graag lesgeven aan groep zes. En ik vond dat helemaal niet erg. Want nu mag ik nog een heel jaar bij jullie blijven.’

De leerlingen juichen van blijdschap.

Je merkt aan de kinderen van groep zeven dat ze het fijn vinden om weer op school te zijn. De ochtend is voorbijgevlogen. Dat komt ook doordat Juf Evi extra lang heeft voorgelezen. En ze hebben allemaal een nieuwe plaats ge-

kregen. Maar echt veel is er niet veranderd. Lotte en Thijs zitten gelukkig weer naast elkaar. Bram en Daan ook. En Zoë en Anna.

'Juf!' roept Julian die bij het raam zit. 'Er staat een heel lange rij mensen voor de school.'

'Ja, jongens,' zegt juf Evi, 'dat zijn allemaal vaders en moeders die hun kinderen op deze school willen inschrijven.'

'Ik weet al hoe dat komt,' fluistert Lotte in Thijs' oor. 'Braaksel is heel veel op tv geweest voor de zomer, omdat ze jou zogenaamd heeft gered.'

Zodra de bel gaat, lopen ze naar buiten. De mensen in de rij staan er nog steeds. Een moeder met twee juichende kinderen loopt de school uit. 'We zitten op de school van de liefste juf!'

Lotte en Thijs zouden het wel willen uitschreeuwen: Braaksel is helemaal niet de liefste juf. Ze is de valste juf die er bestaat. Maar ze houden hun mond, niemand gelooft hen toch. Nu komt er een jongen met zijn vader naar buiten. Hij steekt twee duimen op.

'Je moet niet naar deze school gaan,' zegt Daan. 'Juf Brakel is een bedriegster.'

'Je zit toch zelf ook op deze school!' zegt de jongen en hij steekt zijn tong uit naar Daan.

Het groepje van Lotte en Thijs blijft staan kijken. De rij wordt alleen maar langer.

Ze willen bijna weggaan als juf Brakel naar buiten komt.

'Lieve dames en heren,' spreekt ze de ouders toe. 'Dank voor uw komst. Ik vind het een grote eer dat u mijn school zo hoog acht. Ik zou u allemaal wel gelukkig willen maken met een plek op deze geweldige school, maar we zitten vol. Helaas kan ik u niet meer inschrijven.'

Er klinkt een teleurgesteld gezucht.

'Maar... u hebt nog één kans,' gaat ze verder. 'Ik heb namelijk nog plek voor één kind, een bolleboos.'

'Die plek wil ik!' roept iemand.

'Nee ik, ik heb er recht op.' Een aantal vaders en moeders duwen elkaar opzij.

'Ik was eerst!' roept een vrouw tegen een man. 'Jij bent voorgedrongen!'

'Welnee, mens,' roept de man kwaad. 'Hoe kom je erbij? Je bent zelf voorgedrongen, troela.'

'Ik begrijp dat u allemaal die gouden plek wilt hebben,' zegt juf Brakel poeslief. 'Maar die moet uw kind zelf verdienen. Ik geef alle kinderen een hersenkraker mee. Luister goed: "Hoeveel keer kun je zes van achttien aftrekken?" De bolleboos die het juiste antwoord geeft, heeft gewonnen en krijgt de felbegeerde laatste plek op deze school. Morgen wil ik het antwoord weten. Ik wens u veel succes.'

'Dit klopt niet!' roepen een paar mannen tegen een vrouw die met haar peuters aan de hand met een blij gezicht naar buiten komt en een bewijs van inschrijving omhooghoudt.

'Wij stonden hier eerder. Die inschrijving is voor ons kind.' De vrouw stopt het papier gauw weg voordat iemand het uit haar handen kan grissen.

'Alstublieft, stopt u hiermee!' roept juf Brakel. 'Het is geen goed voorbeeld voor uw kinderen. Ga liever naar huis en geef uw kind de kans de plek zelf te veroveren.' Ze geeft een handkus aan de menigte en gaat naar binnen.

Lotte en Thijs kijken de mensen na die weglopen. Er loopt een meisje langs hen met haar moeder.

'Nou Milou, dat raadsel lijkt me niet zo moeilijk. Ga

thuis maar goed nadenken. Het zou zó fijn zijn als je op deze school komt.'

Het meisje knikt.

Milou loopt met haar moeder naar huis. Voor de kringloopwinkel blijft ze staan. 'Mag ik even naar binnen, mam?'

'Vooruit dan maar,' zegt haar moeder. 'Als je maar niet te lang rondkijkt.'

Milou gaat vaak met haar vader naar de kringloopwinkel. Ze heeft er al een keer een heel leuk tafeltje gevonden voor op haar kamer en een lamp.

Ze loopt langs tafels vol spullen. Wow! Helemaal achterin, tegen de muur, hangt een skelet.

'Is dat te koop?' vraagt Milou. Het lijkt haar superstoer om een skelet in haar kamer te hangen.

Ze wenkt haar moeder.

'Help!' roept zij als ze het skelet ziet.

'U hoeft niet bang te zijn, hoor,' zegt de verkoopster. 'Een school heeft het hier gebracht. Ze gebruikten het tijdens de biologieles.'

'Maar het lijkt zo echt,' zegt Milous moeder.

'Mag ik het hebben, mam?'

'Nee, Milou,' zegt haar moeder, 'ik wil zo'n eng skelet niet in huis.'

'Maar ik hang het in mijn kamer,' probeert Milou nog.

'En ik me zeker elke keer als ik binnenkom doodschrikken. Nee, het gaat niet door.'

Jammer, denkt Milou. Ze ziet dat haar moeder het meent en ze loopt door. Ineens valt haar oog op een klein zwart verrekijkertje.

'Wat moet je daar nou mee?' zegt haar moeder als Milou de verrekijker oppakt.

Milou houdt de verrekijker voor haar ogen. Ze ziet alles heel scherp. Net als door de kijker van haar vader. Daar spotten ze altijd vogels mee. Maar die is veel groter. Haar vader zei laatst dat hij een kleinere kijker wilde kopen omdat het handiger is. Zal ze deze voor hem kopen? Dit kijkertje zal haar vader ook wel mooi vinden.

Ze denkt aan haar vader en draait haar hoofd naar het raam naar een vogeltje dat buiten op een tak zit. Maar in plaats van de vogel ziet ze haar vader. Hij zit op zijn kantoor achter zijn computer. Hoe kan dat nou? Ze kijkt zonder kijker naar buiten, maar daar ziet ze gewoon de boom met de vogel. Ze kijkt nog een keer door de kijker, maar ziet weer haar vader. Huh, wat is hier aan de hand?

'Zullen we weer gaan?' vraagt haar moeder dan.

'Mam, moet je zien, dit is geen gewone verrekijker. Ik zag iets heel anders dan waar ik naar keek. Ik zag papa op kantoor.'

'Jaja,' zegt moeder. 'Kom nou maar mee.'

'Nee, echt!'

'Milou...' Haar moeder verliest haar geduld. Het gaat niet lukken om haar te overtuigen dat er iets bijzonders aan de hand is.

'Mam, mag ik hem alsjeblieft kopen?'

'Milou, wat moet je nou met zo'n ding?'

'Alsjeblieft, ik koop hem van mijn zakgeld. Hij kost vijf euro. Dan hoef ik de hele maand geen zakgeld.'

Haar moeder zucht. 'Vooruit dan maar.' Ze geeft Milou vijf euro.

Zodra Milou thuiskomt, gaat ze naar haar kamer. Ze gaat voor het raam staan en kijkt door de verrekijker naar buiten. Nu ziet ze het huis aan de overkant. Hoe kan dat nou? denkt ze. Hoe kan het nou dat ik net papa op kantoor zag? Heb ik het me verbeeld? Ze probeert het nog een keer en nog een keer. Teleurgesteld legt ze de verrekijker weg. Maar het laat haar niet los. Waarom gebeurt er hier niks en in de winkel wel? Ze zag haar vader, dat weet ze zeker. Wat doet ze dan nu anders dan net in de winkel? Ineens weet ze het. Ze dacht aan haar vader toen ze keek.

Weer houdt ze de verrekijker voor haar ogen. Ze kijkt naar buiten en ze denkt aan haar moeder. En dan ziet ze opeens haar moeder beneden in de kamer. Ze bladert in een tijdschrift. Milou rent de trap af de kamer in. Wat ze zag klopt. Haar moeder zit op de bank met een tijdschrift.

'Heb je al nagedacht over het raadsel van mevrouw Brakel?' vraagt haar moeder.

Milou hoort haar niet eens. Ze rent de trap op naar haar kamer en pakt de verrekijker weer op. 'Jij bent geen gewone verrekijker,' zegt ze. 'Je bent heel bijzonder. Hoe ben je in de kringloopwinkel terechtgekomen? Wie heeft je daar gebracht? Zo'n bijzondere verrekijker doet toch niemand weg?' Ze staart voor zich uit. Zou ze Fleur ook kunnen zien? Ze houdt de verrekijker voor haar ogen en denkt aan haar beste vriendin.

Maar dan gaat de deur van haar kamer open. Milous moeder kijkt naar Milou die met de verrekijker in haar hand zit.

'Ik vroeg je net of je al hebt nagedacht over de hersenkraker van mevrouw Brakel. Maar je was ineens vertrokken. Weet je het antwoord al?'

'Eh... nee, wat was de vraag ook alweer?' vraagt Milou.

'Je moet zeggen hoe vaak je zes af kunt trekken van achttien. Dat moet toch niet moeilijk voor je zijn. Niet vergeten, hè? Stop dat verrekijkertje nou maar weg en ga nadenken. Ik wil het goede antwoord straks horen. Dit is echt heel belangrijk.'

Ik weet het antwoord al, denkt Milou als haar moeder weg is. Als je achttien hebt kun je er drie keer zes van aftrekken. Het antwoord is dus drie. Maar dat weet toch iedereen? Daar hoef je echt geen bolleboos voor te zijn. Nu dringt het pas tot haar door hoe raar het is. Degene die het goed heeft mag bij juf Brakel op school. Maar dit heeft toch bijna iedereen goed? Hoe pakt ze dat dan aan? Of is het misschien een instinker? Ze kijkt naar haar verrekijker. Zou ik juf Brakel ook kunnen zien? denkt ze ineens.

Opgewonden houdt ze de verrekijker voor haar ogen. Ze denkt aan juf Brakel en probeert haar voor zich te halen. En dan ziet ze haar. Ze zit op een stoel en houdt lachend een papier in haar hand. **De hersenkraker** staat erboven. ***Hoe vaak kun je zes aftrekken van achttien?*** leest ze. ***Antwoord: Eén keer, want daarna is het twaalf.***

Milou is er stil van. Ze kijkt maar naar de verrekijker in haar hand. 'Ik dacht dat zoiets alleen in films of in boeken bestond,' zegt ze hardop. Het is echt een magische verrekijker. Ze gaat hem niet aan haar vader geven. Ze houdt hem zelf en het is haar geheim.

Lotte en Thijs hebben een goed humeur. Ze hebben op het eiland voor hun geheime hut marshmallows geroosterd. Maar nu is het tijd om terug te gaan. Ze sluiten de hut af en lopen naar het water. Lotte hoeft maar één keer te fluiten en Max komt aangerend en springt op het vlot.

Thijs start de motor en daar gaan ze. Ze scheuren over het water.

'Dat lijkt Lucas wel.' Thijs wijst naar het strandje bij zijn huis in de verte.

Lotte ziet ook dat er iemand staat. Zou het Lucas zijn? Zou hij bij zijn opa logeren?

De jongen op het strandje zwaait naar hen.

'Ja!' roepen ze blij als ze dichterbij komen. 'Het is Lucas!' Ze zwaaien terug.

Verrast varen ze naar de oever. Sinds Lucas verhuisd is zien ze hem niet meer zo vaak. Nog voordat ze het vlot vastleggen springen ze eraf.

'Lucas! Hé!' Ze geven hem een knuffel. Ze zagen hem voor het laatst toen juf Brakel Thijs had ontvoerd. In de vakantie waren ze allemaal weg en hebben ze hem niet gezien.

Dan zien ze dat Lucas er niet bepaald blij uitziet. Thijs en Lotte denken alle twee hetzelfde.

'Er is toch niks met je opa?' vraagt Thijs snel.

'Nee, gelukkig niet,' zegt Lucas. 'Pas op! Het vlot drijft weg!'

Thijs rent naar het water. Hij kan het touw nog net pakken en maakt het vlot vast.

Lotte kijkt Lucas onderzoekend aan. Er is iets met hem, denkt ze.

'Ik heb jullie hulp nodig,' zegt Lucas.

'Vertel op,' zegt Thijs.

'Mijn vader heeft een baan hier in de buurt gekregen. We gaan weer hier wonen. Mijn ouders zijn op zoek naar een huis. Tot die tijd wonen we bij mijn opa.'

'Yes! Dat is toch juist top!' zegt Lotte blij.

'Ja, dat wel, maar mijn vader wil me weer inschrijven op jullie school.'

Lotte en Thijs kijken Lucas geschrokken aan. 'Dat kan niet, jij mag nooit meer naar onze school,' zegt Lotte. Ze weten alle drie dat Braaksel geprobeerd heeft zijn hersens te pakken te krijgen.

'Dat weet ik,' zegt Lucas. 'Maar mijn pa wil het per se.'

'Wacht eens even,' zegt Lotte. 'Je hebt geluk. Er is geen plek meer op onze school. Alle ouders willen hun kind op de school van de liefste juf hebben. Vandaag stond er ook weer een heel lange rij mensen. Het is vol.'

'Is dat echt zo?' vraagt Lucas.

'Er is nog één plek, maar die krijg je niet.' Lotte vertelt over de wedstrijd. 'Als je die plek wilt winnen moet je het goede antwoord geven op een hersenkraker en dat doe jij natuurlijk niet.'

'Ik zou gek zijn.' Lucas is meteen opgelucht.

'Super dat je weer hier in de buurt komt wonen. Dat moeten we vieren,' zegt Thijs. 'Je bent terug!' Hij valt zijn vriend om de hals.

'Nu kunnen we ook weer naar het laboratorium,' zegt Lucas blij.

'Maar niet meer voor een plan om Braaksel weg te krijgen,' zegt Lotte, 'want dat is veel te gevaarlijk.'

'En het lukt toch nooit,' zegt Thijs zuchtend.

'Luister,' zegt Lucas. 'Geloven jullie in toeval? Waarom heeft mijn vader hier in de buurt een baan gevonden?'

'Geen idee,' zegt Lotte.

'Dat is niet zomaar,' zegt Lucas. 'Ik moet hier komen wonen om die verschrikkelijke Braaksel weg te krijgen. We hebben nog één kans gekregen, de aller-, allerlaatste kans. Helpen jullie mee of niet?'

Even blijft het stil en dan zegt Thijs: 'Oké, als jij belooft dat je weer bij ons op school komt als ze weg is.'

'Ja,' zegt Lotte lachend. 'Dezelfde dag nog.'

'Deal!' zegt Lucas.

2

Lotte en Thijs weten niet wat ze zien als ze ’s morgens het schoolplein op komen.

Midden op het plein staat juf Brakel op een podium en er staan heel veel kinderen van hun school omheen. Een horde vaders en moeders en kinderen die meedoen aan de wedstrijd staat te dringen voor het hek.

Lotte en Thijs gaan bij hun klasgenootjes staan.

‘Wat een opkomst,’ zegt Daan, die naar de rij kijkt, lachend. ‘Ze moesten eens weten hoe Braaksel echt is.’

‘Sst...’ zegt juf Evi.

‘Weten jullie wie weer hier komt wonen?’ vraagt Lotte.

‘Lucas?’ zegt Bram.

‘Ja, in één keer goed!’ roept Thijs.

‘Wat gezellig voor jullie,’ zegt juf Evi vrolijk. ‘Komt hij hier weer op school?’

‘Dat kan niet,’ zegt Thijs. ‘Er is een leerlingenstop.’ De anderen hoeven niet te weten dat Braaksel Lucas’ hersens wilde opeten. Dat geloven ze toch niet.

Ze kijken naar Braaksel die de ouders en de leerlingen poeslief toeknikt.

Lotte kijkt ernaar en balt haar vuisten. Ze wordt zo kwaad van die nare Braaksel die zo nep doet.

Thijs ziet dat Lotte boos wordt. 'We krijgen haar nog wel,' zegt hij zachtjes. 'Onze laatste kans.'

'We hadden nog vroeger weg moeten gaan,' moppert Milous moeder als ze met Milou bij de school aankomt. 'Nu staan we helemaal achteraan.'

'Dat maakt niks uit,' stelt Milou haar moeder gerust.

'Ik hoop het, meisje.'

Milou voelt de spanning. Ze willen allemaal de laatste plek bemachtigen.

'Weet je het goede antwoord nog?' Voor de zekerheid fluistert haar moeder het antwoord in Milous oor. 'Drie keer,' klinkt het zachtjes.

Milou schudt haar hoofd. 'Dat zei ik gisteren toch al? Het is één keer,' fluistert ze.

'Milou, doe niet zo eigenwijs. Wil je nou op deze school of niet? Het antwoord is drie.'

Milou schudt haar hoofd.

Haar moeder zucht. 'Wat ben je toch eigenwijs. Je moet het zelf weten, dan kom je niet op de school met de liefste juf.'

Milou voelt zich ongemakkelijk. Ze wil juist heel graag naar deze school. Dan hoeft ze niet meer zo'n eind te fietsen. Fleur, haar beste vriendin, wilde per se naar basisschool De Waterkant omdat haar moeder daar lesgaf. Die school ligt helemaal aan het andere eind van de stad. Toch ging Milou met haar vriendin mee. Jammer genoeg is Fleur deze zomer naar Singapore verhuisd. Milou vindt het vreselijk om dat hele eind alleen naar school te fietsen.

'Verpest het alsjeblieft niet voor jezelf,' zegt haar moeder.

Kon ze het haar moeder maar vertellen. Maar niemand

mag weten hoe ze aan het goede antwoord komt. Zelfs haar vader krijgt het niet te horen.

De bel gaat. 'Meneer Van Dongen, wilt u de hekken openzetten?' vraagt juf Brakel vriendelijk.

De deelnemers stromen het schoolplein op.

'Vaders en moeders en kinderen,' begint juf Brakel. 'Ik heb de kinderen een hersenkraker voorgelegd. Ik ben heel benieuwd of er een bolleboos onder deze jeugd is die het goede antwoord heeft kunnen vinden. Ik begin hier vooraan. Meisje, hoeveel keer kun je zes aftrekken van achttien?'

'Drie keer,' zegt het meisje trots.

Juf Brakel kijkt naar de menigte. 'Drie keer, zegt dit meisje. Wie heeft hetzelfde antwoord bedacht?'

Alle vingers gaan de lucht in, behalve die van Milou.

'Steek je vinger op,' zegt haar moeder gestrest. 'Snel!' Als Milou haar hoofd schudt pakt ze Milous hand. 'Schiet op nu! Je saboteert de boel.' Maar Milou trekt haar hand los.

'Ik heb het gezien,' zegt juf Brakel. 'Jullie hebben allemaal het verkeerde antwoord gegeven. Heel jammer. Is er iemand onder jullie die nog een ander antwoord heeft bedacht?'

Nu steekt Milou wel haar vinger op.

'En wat had jij bedacht, kind? Kom maar even naar voren.'

'Het antwoord is één,' zegt Milou, als ze samen met haar moeder naar het podium is gelopen. 'Je kunt maar één keer zes van achttien aftrekken.'

Er klinkt gelach. De moeder van Milou verbijt zich. Juf Brakel kijkt Milou aan. 'Hoe kom je bij één keer? Kun je ons dat vertellen?'

'Jazeker, mevrouw,' zegt Milou. 'Je kunt maar één keer zes van achttien aftrekken, want als je dat gedaan hebt, heb je geen achttien meer maar twaalf.'

Er valt een diepe stilte.

'Dat is heel goed bedacht van jou,' zegt juf Brakel. 'Kom maar op het podium.'

Milou stapt het podium op.

'Vertel eens, hoe heet jij?'

'Milou,' zegt Milou keurig.

'Milou, van harte gefeliciteerd. Jij hebt de laatste plek op deze school gewonnen. Je hebt als enige het juiste antwoord gegeven.'

'Zo,' zegt Lotte, 'die plek is vergeven. Nu hoeft Lucas helemaal niet meer bang te zijn.'

'Daar heb je hem!' roept Thijs. Ze kijken naar Lucas, die met een benauwd gezicht samen met zijn vader het plein op komt.

Maar dan ziet Lucas dat de winnaar van de laatste plek al is gekozen. Hij steekt triomfantelijk zijn duim op naar Lotte en Thijs.

Lotte en Thijs zwaaien naar hem. Hadden ze dat nou maar niet gedaan, denken ze meteen, dan had juf Brakel Lucas misschien niet gezien. Nu kijkt juf Brakel Lucas' kant op. Juf Brakels gezicht verstart helemaal.

Lotte en Thijs zien de haat in haar ogen, maar ze herstelt zich snel.

'Zie ik dat nou goed?' roept ze uit. 'Komt daar mijn oude droomleerling aan? Wat een verrassing!' roept ze en ze nodigt Lucas en zijn vader uit op het podium.

'Juf Brakel,' zegt Lucas' vader en hij schudt haar hartelijk de hand. 'Wij hebben goed nieuws. Ik heb in deze omgeving werk gevonden. Dus Lucas komt weer bij u op school.'

'Dat kan niet,' roepen de ouders die op het plein staan. 'De school is vol. Te laat.'

Lucas kijkt naar Lotte en Thijs die twee duimen opsteken. In zichzelf moet hij lachen. Maar juf Brakel kijkt hem aan.

'Lucas, ik wist het, ik wist dat je terug zou komen. Wat heb ik je gemist. Maar ik troostte mezelf steeds met de gedachte dat ik je weer zou zien en kijk: daar sta je in levenden lijve.' Ze zucht gelukzalig. 'Ja, dames en heren, ik heb zijn plek op deze school dus niet voor niets al die tijd vrijgehouden. U moet weten dat Lucas een heel bijzondere jongen is. Hij is niet alleen geniaal, net als zijn vader professor Van Amerongen, maar hij is ook nog een ontroerend lieve leerling. Wij kunnen het samen fantastisch vinden, hè Lucas? Welkom, hartelijk welkom terug op je oude school.'

'Zie je hoe blij we allemaal zijn dat je er weer bent, Lucas,' zegt juf Evi als ze de klas in gaan.

Maar ik niet, denkt Lucas. Hij kijkt naar Lotte en Thijs die het ook heel erg voor hem vinden. Hij vindt het heus wel fijn om juf Evi en de anderen terug te zien. Het gaat om Braaksel.

'En dan hebben we niet alleen onze Lucas weer terug,' zegt juf Evi, 'maar ook de spiksplinternieuwe Milou. Jij bent natuurlijk ook van harte welkom. Ik had zo gedacht dat Lucas en jij hier komen zitten.' Ze wijst hun plaats aan. 'Dan kun jij Milou wegwijs maken, Lucas, want jij weet precies hoe het hier gaat.'

'Ja, eh... natuurlijk,' zegt Lucas. 'Ik weet alles van deze school.' Hij denkt aan Braaksel en hij rilt van angst.

In de pauze gaan Lotte en Thijs meteen naar Lucas toe.

'Je moet hier weg,' zegt Lotte. 'Het is veel te gevaarlijk.'

'Je moet nu naar huis gaan,' zegt Thijs. 'Zeg tegen je vader dat je niet meer teruggaat naar deze school.'

'Dan ken jij mijn vader nog niet,' zegt Lucas. 'Hij luistert echt niet naar me.'

'We moeten er iets op verzinnen,' zegt Lotte. Even blijft het stil en dan zegt ze: 'Ik weet al wat, je gaat in hongerstaking. Je gaat pas weer eten als je van je vader van deze school af mag.'

Lucas denkt na. 'Dat is veel te moeilijk. Dan maakt mijn moeder expres mijn lievelingsgerecht en als ik dan heel erge honger heb kan ik het niet laten staan.'

'Waarom loop je niet weg!' Thijs ziet aan Lucas' gezicht dat hij schrikt. 'Of durf je dat niet? Hier op school blijven is toch veel enger?'

'Waar moet ik dan heen?' vraagt Lucas. 'Dan moet ik zeker op straat slapen.'

'Je kunt in onze hut slapen,' zegt Lotte.

'Ja,' zegt Thijs. 'Wij brengen je naar de hut.'

'Maar ik kan toch niet eeuwig in de hut blijven...' zegt Lucas.

'Nee, dat hoeft ook niet,' zegt Thijs. 'Je blijft net zo lang in de hut tot je vader het goedvindt dat je van school gaat.'

'Yes!' zegt Lucas. 'Dan schrijf ik in een briefje dat ik niet thuiskom voordat hij belooft dat ik naar een andere school mag.'

'En dat briefje geven wij aan je ouders,' zegt Lotte. 'En pas als zij hun handtekening hebben gezet, kom je terug.'

‘Haha, dat doen ze vast meteen,’ zegt Lucas, ‘want ze kunnen me helemaal niet missen. Als ik twee dagen bij mijn opa logeer missen ze me al.’

Maar dan bedenkt Lucas ineens wat het betekent.

‘Dan, eh... Dan ben ik wel helemaal alleen op het eiland,’ zegt hij. ‘Ook ’s nachts. Ik weet niet of ik dat wel durf.’

Thijs kijkt naar Lotte. Ze snappen wat hij bedoelt.

‘Oké,’ zegt Lotte, ‘als Max bij je is, vind je het dan niet eng?’

‘Nee, natuurlijk niet,’ zegt Lucas. ‘Mag dat echt? Mag ik Max lenen?’

Lotte vindt het best moeilijk. Ze kan niet goed zonder haar hond, maar voor Lucas heeft ze het wel over. Stel je voor dat Braaksel nog een keer probeert om zijn hersens te stelen. ‘Het mag,’ zegt ze. ‘Tussen de middag brengen we je, oké?’

Lucas steekt zijn duim op.

‘Jullie hebben zo hard gewerkt,’ zegt juf Evi na de pauze wanneer ze de leerlingen hoort zuchten. ‘We maken het rekenwerk straks wel af. Voor de ontspanning ga ik nu een hoofdstukje voorlezen.’ Ze loopt naar de kast en haalt het boek waar ze in bezig zijn eruit.

‘Juf Evi lijkt me heel lief,’ zegt Milou zachtjes.

‘Juf Evi is supertof,’ zegt Lucas, ‘en alle kinderen uit deze klas zijn aardig.’

‘Top,’ zegt Milou.

Juf Evi vertelt Milou en Lucas waar het boek over gaat. Daarna begint ze te lezen. Het is doodstil in de klas.

Wat leest ze mooi voor, denkt Milou.

‘Nee, juf!’ protesteren ze als juf Evi na één hoofdstuk het boek dicht wil slaan. ‘U moet verder lezen. Toe juf...’

'Vooruit, nog één hoofdstuk dan,' zegt juf Evi. 'Als jullie beloven hierna weer netjes aan het werk te gaan.'

Als ze allemaal knikken leest ze verder.

Het is een spannend verhaal, iedereen hangt aan haar lippen. Behalve Lucas, Lotte en Thijs. Die bedenken wat ze straks allemaal mee moeten nemen naar het eiland. Lotte vindt het best moeilijk om haar hond daar achter te laten. Maar ze weet dat Lucas sowieso heel lief voor Max is.

Pen en papier mag ik niet vergeten, denkt Lucas. Hij hoopt zo dat het werkt en dat zijn vader hem van deze school af haalt als hij leest dat hij anders niet terugkomt. Ik dwing het dus af, denkt hij. Dat vindt hij niet zo fijn aan hun plan. Maar het kan nou eenmaal niet anders bij zijn vader. Hij heeft geprobeerd zijn vader te overtuigen, maar hij wilde niet luisteren. Was Braaksel maar weg, dan kon hij hier gewoon blijven.

Juf Evi slaat het boek dicht. 'En nu aan het werk.'

Milou steekt haar vinger op. 'Breuken heb ik op mijn vorige school nog niet zo goed gehad, juf.'

'Ik leg het je wel uit,' zegt Lucas. 'Kijk.' Hij doet Milou voor hoe het moet.

'Ik snap het al,' zegt Milou na één keer. Ze maakt de volgende som.

Lucas kijkt haar verrast aan. 'Helemaal goed! Wat heb je dat snel door. Je bent een rekenmaster.'

'Ik vind rekenen leuk,' zegt Milou.

'Grappig,' zegt Lucas. 'Ik ook.'

'Zullen we een wedstrijdje doen wie het eerst de hele taak af heeft?' zegt Milou.

'Oké! Wat krijgt de winnaar?' vraagt Lucas.

'Een reep chocola,' zegt Milou. Als Lucas knikt telt ze tot drie. Bij drie beginnen ze te rekenen. Milou heeft nog maar net de helft van haar sommen af als Lucas zijn pen neerlegt. 'Klaar!'

Ze kan het nauwelijks geloven. Ze checken de antwoorden, ze zijn allemaal nog goed ook.

'Jij bent echt een rekenpro,' zegt Milou.

'We hebben een uur de tijd,' zegt Lotte als de bel voor de middagpauze is gegaan.

'Dat moet lukken.' Thijs loopt de klas al uit. Lucas staat ook bij de deur. Met z'n drieën lopen ze naar buiten.

Dat groepje van Lucas lijkt me wel aardig, denkt Milou en ze loopt achter hen aan. Ze is benieuwd wat ze hier buiten doen. Op haar vorige school deden ze vaak leuke spelletjes.

Maar dan ziet ze dat ze naar de stalling gaan en hun fiets pakken.

'We moeten eerst naar mijn huis,' hoort ze Lotte zeggen. 'We halen Max op. Die laat ik bij jou.'

'Supertof van je dat je Max aan me uitleent,' zegt Lucas.

'Ik heb ook een lijstje gemaakt van wat er mee moet,' zegt Lotte.

De drie zijn zo druk dat ze Milou niet eens in de gaten hebben.

'Hier zien ze me nooit meer terug,' zegt Lucas tegen Thijs als ze samen langsracen.

Milou kijkt hen na. Wat gaan ze doen? En wat bedoelt Lucas? Hij zit hier toch net weer op school?

Het vlot gaat veel langzamer vooruit dan anders. Het komt doordat ze met z'n drieën en Max op het vlot zitten plús alle bagage. Als ze geen motor hadden kwamen ze misschien helemaal niet vooruit. Als ze het maar binnen het uur redden.

Lotte zucht als ze eindelijk bij het eiland zijn. Max springt als eerste van het vlot.

Lotte legt het luchtbed en de slaapzak in Max' mand en draagt hem naar de hut. Thijs neemt de tas met eten mee. Gelukkig lag er nog brood in de trommel en in de voorraadkast vond hij een blikje soep. Hij heeft ook het campinggasje en lucifers meegenomen zodat Lucas de soep kan opwarmen. Lotte en Thijs lopen een aantal keren met spullen heen en weer. Intussen schrijft Lucas de brief aan zijn ouders. Als hij klaar is, laat hij hem aan Lotte en Thijs lezen.

Lieve pap en mam,
Schrik niet als ik niet thuiskom vandaag.
Ik ben niet in gevaar. Ik wil alleen niet meer naar de school van juf Brakel. Dat heb ik al gezegd, maar jullie wilden niet luisteren. Zodra jullie beloven dat ik eraf mag, zien jullie me weer.
Dat kunnen jullie tegen Thijs en Lotte zeggen, want die weten waar ik ben.

Ik hoop dat jullie snel beslissen.
Ik hou van jullie,
Lucas

'En?' Lucas kijkt hen aan.

'Volgens mij is het heel duidelijk,' zegt Lotte.

'Top!' Thijs steekt zijn duim op.

Lucas vouwt de brief dubbel en geeft hem aan Thijs.

'We moeten gaan,' zegt Lotte, 'als we snel varen zijn we nog op tijd op school.'

'Nu is het vlot niet zo zwaar beladen,' zegt Lucas, 'dat moet lukken.'

Ze geven elkaar een high five.

'Je ziet ons na school, dan komen we weer even langs,' zegt Thijs.

'Dag lieve Max, zul je goed voor Lucas zorgen?' Lotte geeft Max een knuffel en dan stapt ze op het vlot.

Lucas zwaait naar hen, net zo lang tot ze uit het zicht zijn verdwenen. Hij kijkt naar Max.

‘Raar, hè, dat ze weg zijn?’ zegt hij en hij aait Max. ‘Nu zitten wij hier met z’n tweetjes op het eiland.’ Hij was liever mee teruggegaan, maar het moet. Hij kan niet op de school van Braaksel blijven.

‘Denk jij dat Lucas lang op het eiland moet blijven?’ vraagt Lotte als ze terugvaren.

‘Ik weet het niet,’ zegt Thijs. ‘Na school brengen we de brief naar zijn ouders en dan weten we misschien al meer.’

Zodra ze bij de waterkant zijn, rennen ze naar hun fiets en racen ze naar school.

Ze komen de stalling uit als de bel gaat. ‘Rennen!’ roept Lotte. Ze stuiven de school in. De deur van de klas is al dicht, maar juf Evi ziet hen door het raampje voor de deur staan en doet hem open.

‘Gaan jullie maar gauw zitten.’

Milou kijkt naar de deur, maar Lucas ziet ze niet.

Juf Evi kijkt naar Lotte en Thijs.

‘Komt Lucas er ook nog aan?’ vraagt ze.

‘Nee, juf Braaksel riep hem bij zich,’ zegt Lotte gauw.

‘O, dan zal hij straks wel komen,’ zegt juf Evi.

Jaja, denkt Milou, hij is helemaal niet bij juf Brakel. Ze fietsten zelf met hem weg. Hier klopt helemaal niets van. Natuurlijk weten ze waar Lucas wél is. Met die drie is iets heel geheimzinnigs aan de hand. Wat het is, dat weet ze nog niet. Maar daar komt ze wel achter. Ze legt haar hand op haar broekzak. Daar gaat het verrekijkertje haar bij helpen.

3

Lotte en Thijs vinden het best spannend wanneer ze na school naar het huis van Lucas' opa rijden.

'Wat doen we als er niemand thuis is?' vraagt Lotte.

'Dan stoppen we hem in de brievenbus.' Thijs zet zijn fiets voor het huis.

Met de brief lopen ze het grindpad op en bellen aan. De moeder van Lucas doet open.

'Jongens, kom binnen, jullie komen zeker voor Lucas, die zal zo wel komen.'

'Nee, eh... Lucas komt niet thuis,' zegt Thijs. 'Hij heeft ons een brief meegegeven voor u.'

Lucas' moeder trekt haar wenkbrauwen op. Ze vouwt de

brief open. Vol spanning kijken Lotte en Thijs naar haar ogen die over de regels glijden.

'Nou ja,' zegt ze. 'Wat is dit voor een vreemde actie? Ik denk niet dat mijn man hier blij mee is. Lucas komt pas thuis als hij van school mag? Hij zet ons dus gewoon voor het blok.'

'Hij wil echt niet naar deze school,' zegt Lotte. 'Hij weet niet hoe hij het anders duidelijk moet maken.'

'En dan gaat hij maar dreigen? Als zijn vader dit leest krijgt hij echt zijn zin niet. Zeg maar tegen hem dat hij snel naar huis moet komen, dat ik hem wil spreken.'

'Mag hij dan van school?' vraagt Lotte.

'Dat weet ik nog niet. Ik moet het met mijn man bespreken. Dat lukt vandaag niet meer. Mijn man werkt nog een extra dagje in Leiden, in het museum. Hij komt vanavond pas laat thuis en dan is hij doodmoe en ga ik hem hier niet mee lastigvallen. Zeg maar dat Lucas nu naar huis moet komen.'

'Dat wil hij niet,' zegt Lotte. 'Hij komt pas thuis als jullie hebben beloofd dat hij niet meer terug naar onze school hoeft.'

'Dat is toch belachelijk. Waar is hij nu? Hij kan toch niet zomaar wegblijven? Logeert hij soms bij jou, Thijs?'

Help! Dit vindt Thijs echt moeilijk. Nu moet hij dus liegen. Hij knikt met een rood hoofd.

'Die logeerpartij gaat dus niet door,' zegt Lucas' moeder.

'Maar Thijs' moeder heeft er al helemaal op gerekend,' zegt Lotte gauw. 'Ze heeft expres frietjes gekocht en hamburgers en het logeerbed opgemaakt.'

'Hm, oké. Laat hem dan maar bij jou logeren vannacht, Thijs. Hij heeft geluk dat zijn vader er niet is, want die was hier echt niet blij mee geweest. Geef die brief maar terug aan Lucas. En morgen gaat hij gewoon naar school en daarna moet hij onmiddellijk naar huis komen.'

Lotte en Thijs knikken.

'Vertel Lucas maar dat ik het met deze brutale actie niet eens ben,' zegt Lucas' moeder nog.

Thijs pakt de brief aan. 'Wilt u alstublieft wel een goed woordje voor hem doen bij zijn vader?'

'Ik zal erover nadenken.'

'Wat erg!' zegt Thijs als ze wegrijden. 'Ik heb dus echt gelogen tegen Lucas' moeder.'

'Ik heb tegen haar gelogen, maar jij niet,' zegt Lotte. 'Ze vroeg of hij bij jou logeerde en toen knikte je.'

'Dat is toch liegen?' zegt Thijs.

'Nee, want hij logeert ook bij jou. Op jouw eiland in jouw hut. Snap je?'

Nu moet Thijs lachen. Echt Lotte weer.

Milou ziet na school een appje van haar moeder.

Lieve schat, het wordt noodweer, er is storm op komst. Ze weten nog niet precies hoe laat het begint, maar kom na school meteen naar huis.

Oké, denkt Milou. Ze wilde toch al naar huis gaan.

Op de fiets denkt ze aan Lucas. Echt heel vreemd dat hij de hele middag niet meer op school is gekomen. Waar zou hij zijn? Als ze voor het stoplicht moet wachten, haalt ze haar verrekijker uit haar broekzak. Eerst wilde ze hem thuislaten, maar ze heeft nog nooit zoiets waardevols gehad. En daarom wil ze hem niet uit het oog verliezen. Soms kan ze nog steeds niet geloven dat de verrekijker magisch is. Gisteravond dacht ze weer dat ze het zich had verbeeld. Maar toen ze de verrekijker voor haar ogen hield en aan haar vader dacht zag ze haar vader achter zijn laptop zitten.

Nu houdt ze de verrekijker ook voor haar ogen en denkt ze aan Lucas. Vol spanning wacht ze en dan ineens ziet ze hem, hij staat op een strandje bij water. Hij gooit een stok in het water voor een hond. Wat gaat hij nu doen? Hij loopt met de hond naast zich over een bospad en dan ziet ze een hut. Ze gaan samen de hut in.

Milou schrikt op van auto's die achter haar toeteren. Het stoplicht staat op groen. Ze stopt de verrekijker snel terug in haar zak en fietst door. Wat betekent dit allemaal? Lucas zit dus ergens in een hut aan het water. Weet hij wel dat het gaat stormen? Die storm blaast zo'n hut zo om. Moet ze niet tegen zijn vrienden zeggen dat hij misschien in gevaar is?

'Milou!' hoort ze roepen.

Lotte en Thijs komen naast haar rijden. 'Woon je ook in deze buurt?' vraagt Thijs.

'Ja, ik woon hier vlakbij. In die straat, waar de bakker op de hoek zit.' Milou wijst naar de bakker.

'Ah, tof. Hoe vond je het vandaag in onze klas eigenlijk?' vraagt Lotte.

'Leuk, maar, eh... Lucas was er vanmiddag niet. Niemand weet waar hij is. Hij was ook niet meer bij juf Brakel. Dat is toch gek?'

'Ach, misschien mocht hij weg van juf Brakel en loopt hij ergens in het bos,' zegt Thijs. 'Lucas houdt van de natuur.'

Dit is mijn kans om ze te waarschuwen, denkt Milou en ze begint te verzinnen. 'Ik hoop niet voor hem dat hij in het bos loopt, het gaat heel erg stormen zo meteen en als je dan buiten bent... Ik heb weleens in een hut in het bos geslapen toen het stormde. Dat doe ik dus nooit meer. De hut stortte in elkaar en ik kreeg planken op mijn hoofd en toen had ik zelfs een hersenschudding...'

Milou ziet de paniek op de gezichten van Lotte en Thijs. Goed, ze hebben haar hint begrepen.

'We moeten gaan, tot morgen, Milou,' zegt Lotte en de twee scheuren weg.

Milou kijkt hen na. Mooi zo, ze gaan vast Lucas waarschuwen.

Onderweg naar huis kijkt Thijs op zijn mobiel. 'Het klopt!' zegt hij. 'Het gaat hartstikke stormen, we moeten zo snel mogelijk naar het eiland. Nu Lucas' moeder denkt dat hij bij mij logeert kunnen we hem net zo goed ophalen. Mijn moeder vindt het vast goed als ik vraag of hij bij me mag slapen.'

'Super,' zegt Lotte. 'En dan heb ik Max vannacht tenminste weer bij me.'

Ze racen naar het huis van Thijs, knallen hun fiets neer en rennen naar het vlot.

'Hoho!' roept Thijs' vader die net de schuur uit komt. 'Jullie mogen nu niet het water op, het wordt noodweer. Dat is veel te gevaarlijk.'

'We zijn zo terug!' probeert Thijs nog.

'Nee, jongens, ik wil het niet hebben. Daar komen ongelukken van. Verzinnen jullie maar wat anders, morgen kunnen jullie weer varen.' Hij gaat terug de schuur in.

Thijs en Lotte kijken bezorgd naar het vlot. Wat moeten ze nu?

Lucas tuurt over het water. Maar hij ziet geen vlot aankomen. Waar blijven Thijs en Lotte?

'Snap jij het?' zegt hij tegen Max en hij kijkt op zijn horloge. 'Ze zouden na school naar ons toe komen.' Thijs en Lotte zijn heel betrouwbaar, dat weet hij ook wel. Er moet iets gebeurd zijn. Misschien krijgen ze de motor niet aan en moeten ze het hele eind peddelen. Kon hij maar een appje sturen, maar stom genoeg is hij zijn mobiel vergeten.

Balen, denkt hij als ze er na een halfuur nog niet zijn. Hij heeft geen zin om terug naar de hut te gaan. Wat moet hij daar in zijn eentje? Dan zit hij ook maar te wachten op zijn vrienden. 'Kom op, Max, we gaan een wandeling over het eiland maken.'

Ze lopen nog maar net wanneer er een wind opsteekt. Eerst kan het Lucas niet zoveel schelen, maar als het steeds harder begint te waaien blijft hij staan en keert hij om.

Lucas is blij dat ze niet zo ver zijn gegaan, want de takken van de bomen zwiepen krakend heen en weer. De wind giert over het eiland. Hij is opgelucht als ze veilig in de hut

zijn. Met dit weer komen Lotte en Thijs zeker niet meer, denkt hij. Ineens beseft hij dat hij hier de hele nacht in zijn eentje moet blijven en misschien wel nog een nacht en nóg een. En hoe zal het vannacht zijn? De wind beukt tegen de hut. Het is een oorverdovend geraas. Max wordt er bang van, hij kruipt weg in een hoekje en kijkt steeds naar Lucas alsof hij wil zeggen: doe er wat aan! Lucas pakt Max' etensbak. Normaal gesproken komt de hond altijd meteen aangerend maar nu blijft hij liggen. Lucas staat met de bak in zijn hand. Help! Een tak knalt keihard tegen de hut. Lucas laat de bak van schrik vallen.

Nog geen tel later stormt het zo erg dat de deur begint te klapperen. Lucas wil hem op slot doen voordat hij openwaait, maar de sleutel zit nog aan de buitenkant. Hij wil de sleutel pakken en doet de deur een stukje open, maar de wind rukt aan de deur. Lucas probeert hem nog vast te houden, maar de deur vliegt los en valt een eind verderop neer. Nu stormt het ook in de hut. Vlug, hij moet het gat dichtmaken. Hij tilt het kastje op en zet het voor de opening, maar het helpt niet echt. Een rukwind blaast ook het kastje omver. Papieren vliegen in het rond. Alle dingen in de hut worden omgeblazen en de hut beweegt heen en weer. De planken van het dak piepen en kraken. Het gekraak wordt steeds erger. En dan vallen er twee planken naar beneden. Moeten we niet naar buiten gaan? denkt Lucas. Zo meteen krijgen we het hele dak op onze kop. Hij kijkt naar Max die jankend in het hoekje ligt.

Er ligt een boekje tussen de planken. Wat zou dat zijn? Misschien is het iets belangrijks van Lotte of Thijs. Hij stopt het in zijn broekzak.

'Max, we gaan naar buiten.' Hij lijnt Max aan en neemt hem mee. Maar hij heeft nog geen stap buiten gezet of zijn haren en jack wapperen. Waarom heeft hij dit stomme plan bedacht? Hij is gevlucht voor Braaksel, maar dit is ook gevaarlijk. Hij duikt de hut weer in.

'Nou, ik heb niet voor niets de tuinmeubelen in de schuur gezet,' zegt Thijs' vader als ze aan tafel zitten en de storm om het huis raast. 'Wees maar blij dat ik jullie heb gewaarschuwd, want met dit weer moet je niet op het water zitten.'

'Dat zou heel onverstandig zijn,' zegt Thijs' moeder.

Thijs kijkt naar Lotte. Het is misschien wel onverstandig, maar na het eten gaan ze toch varen. Ze moeten wel. Met dit weer kunnen ze Lucas en Max toch niet de hele nacht op het eiland laten zitten? Lotte logeert vannacht bij Thijs. Gelukkig vond haar moeder het goed.

'Ik heb een heerlijk toetje,' zegt Thijs' moeder en ze zet bordjes met zelfgebakken cheesecake op tafel. Normaal zouden Thijs en Lotte meteen aanvallen, maar nu het buiten zo stormt denken ze aan Lucas en Max. Als er maar niets met hen gebeurt.

'Wil je niet meer?' vraagt moeder wanneer Thijs de helft van zijn toetje laat staan.

'Ik heb buikpijn,' zegt Thijs.

'Ik ook,' zegt Lotte.

Thijs' moeder kijkt hen bezorgd aan. 'Jullie worden toch niet ziek?'

'We gaan naar boven,' zegt Thijs. 'We gaan nog wat lezen en dan slapen.'

'Heel verstandig,' zegt zijn moeder. Thijs geeft zijn ouders een nachtkus.

'Slaap lekker, Lotte,' zeggen Thijs' ouders.

Boven op zijn kamer wachten ze tot Thijs' ouders de tafel hebben afgeruimd, koffie hebben gezet en voor de televisie zitten.

'Durf je nu echt weg te gaan?' vraagt Lotte. 'Zo meteen komen ze nog even boven kijken?'

'Dat doen ze nooit meer,' zegt Thijs.

Van tevoren hebben ze alles al geregeld. Hun jas ligt op Thijs' kamer en ze hebben de achterdeur alvast van het slot gedraaid.

'We moeten nu gaan,' fluistert Thijs.

Lotte knikt. Ze vindt het best eng. Het stormt zo hard... Als het vlot maar niet omslaat.

Samen sluipen ze de trap af. Thijs doet heel voorzichtig de achterdeur open. Wat een wind. Hij moet de deur heel goed vasthouden anders klapt-ie dicht.

Het is gelukt. Buiten worden ze zowat naar het vlot geblázen. Ze zetten hun zaklamp aan en schijnen op het vlot. Ze stappen erop en peddelen weg. Het is pikdonker. Gelukkig kennen ze de weg goed en hun zaklamp geeft genoeg licht.

Pas als ze ver genoeg zijn dat Thijs' ouders ze niet zouden kunnen horen, wil Thijs de motor aandoen. Maar de storm heeft zo'n kracht dat ze vooruit worden geblazen. Het water is veel wilder dan anders. Het vlot deint van links naar rechts. Lotte wordt bijna zeeziek. Gespannen varen ze verder. Af en toe denken ze dat het vlot gaat kapseizen.

'Moeten we niet terug?' vraagt Thijs als het vlot voor de zoveelste keer bijna omslaat.

'En Lucas en Max dan?' vraagt Lotte.

Thijs knikt. Ze kunnen ze niet zomaar laten stikken, en hij vaart door.

Behalve dat de deur uit de hut is geblazen en er een gat in het dak zit, staat de hut nog overeind. Maar Lucas heeft geen rust. Hij heeft zo'n spijt dat hij naar het eiland is gegaan. Waarom heeft hij van tevoren het weerbericht niet bekeken? Als hij dit had geweten was hij nooit gegaan. Hij kijkt naar Max die ligt te bibberen van angst. Zelf kan hij ook wel huilen. Ging die storm maar liggen. Maar dat lijkt voorlopig nog niet te gebeuren. De wind beukt met dezelfde kracht tegen de hut en buiten is het nog steeds een enorm lawaai. Hij weet zeker dat er heel wat takken van de bomen zijn gewaaid. Hij kijkt weer op zijn horloge. Het is nog niet eens zo laat. Hoe komt hij deze nacht door? Hij houdt het bijna niet meer uit.

Maar dan ziet hij dat Max ineens zijn oren spitst en overeind komt. 'Wat is er, Max, wat hoor je?'

Max staat even doodstil en dan neemt hij een spurt en rent door de deuropening het pikdonker in.

'Max!' roept Lucas. 'Max, kom terug.' Hij hoort Max in de verte blaffen.

Ook dat nog, denkt Lucas. Stel je voor dat hij Max kwijtraakt. Lotte vermoordt hem. Hij pakt zijn zaklamp en gaat naar buiten, achter Max aan.

Lucas vindt het doodeng. Hij heeft het gevoel alsof iemand hem elk moment kan overvallen. Hij weet dat het onzin is, maar toch... Hij loopt voorovergebogen tegen de wind in.

'Max!' roept hij. 'Max!'

'Lucas!' klinkt het in de verte. Hij herkent Thijs' stem.

'Thijs!' roept hij. Wat is hij opgelucht!

'We komen eraan!' roept Lotte. 'Blijf bij de hut.'

Ze zijn er! denkt Lucas. Ze zijn naar me toe gekomen. Hij kan het niet geloven. In het schijnsel van de zaklamp ziet hij Lotte en Thijs die zijn richting op worden geblazen.

‘Hé!’ roept Thijs. ‘Je bent gelukkig nog niet weggewaaid.’ Hij pakt Lucas vast.

‘Het scheelde niet veel,’ zegt Lucas. ‘Shit man, de halve hut ligt in puin.’

Lotte en Thijs weten niet wat ze zien als ze bij de hut komen. Zowat alles ligt om.

‘Vlug!’ zegt Thijs. ‘De deur moet er weer in voordat alles kapotwaait.’

‘Lukt dat nu wel?’ vraagt Lucas.

‘Als jullie de deur vasthouden, probeer ik het te fixen.’ Thijs doet de gereedschapskist open. Het is het enige wat nog overeind staat.

Terwijl de storm om de hut giert houden Lucas en Lotte met z’n tweeën de deur vast.

‘Laat maar los,’ zegt Thijs als hij klaar is. ‘Hij zit.’ Voordat de deur er weer uit vliegt, doet Thijs hem dicht en draait hij hem op slot.

‘Wat een lawaai maakt de wind!’ zegt Lotte. ‘Het lijkt wel een orkaan.’

Thijs kijkt naar het gat in het dak. ‘Dat moet ook dicht.’ Hij zet de kruk overeind en gaat erop staan. Lotte geeft hem de plank aan. Het gaat niet zo makkelijk, maar Thijs geeft niet op. Hij spijkert de plank vast.

‘Dat scheelt,’ zegt Lucas. Nu komt er tenminste niet zoveel wind meer de hut in. Het hout piept en kraakt.

‘Als we maar niet met hut en al de lucht in vliegen,’ zegt Lotte.

Thijs kijkt bezorgd. ‘We kunnen beter gaan.’

‘Dat is veel te gevaarlijk,’ zegt Lotte. ‘Het stormt nog erger dan op de heenweg. We moeten wachten tot de wind is gaan liggen.’

Lucas is het helemaal met haar eens. 'Ik weet zeker dat het vlot omslaat,' zegt hij.

Ze gaan met z'n drietjes op het luchtbed zitten en trekken de slaapzak over hen heen. Maar rustig zitten ze niet. Ze horen en voelen de storm tegen de hut beuken. Ze zijn bang dat de hut zal instorten.

Weer komt er een enorme windstoot. Gespannen kijken ze naar elkaar.

Maar de hut blijft staan.

'Ik hoop niet dat het de hele nacht blijft stormen,' zegt Thijs. 'Mijn ouders mogen niet merken dat we weg zijn.'

'Als het licht wordt gaan we terug,' zegt Lotte. 'Ook als het nog stormt, afgesproken?'

4

Thijs is de eerste die wakker schrikt. Hij weet het meteen weer. Ze zijn in de hut. Ondanks het enorme lawaai zijn ze in slaap gevallen. De storm is gaan liggen en het begint al een beetje licht te worden. Hij kijkt op zijn mobiel. Het is nog vroeg, net na vijf uur.

'Wakker worden!' Hij schudt Lotte en Lucas heen en weer.

'Waar zijn we?' Lotte kijkt verschrikt op.

'We zijn in de hut, we moeten terugvaren voordat mijn vader opstaat.'

Lucas is ook wakker. 'Ik hoor de wind gelukkig niet meer,' zegt hij.

'Wil jij hier nog blijven tot je vader heeft gezegd dat je van school mag?' vraagt Lotte. 'Want van je moeder moet je meteen na school thuiskomen. Dat was ik helemaal vergeten te zeggen. Ze was niet blij met je actie.'

'Ik weet nog niet hoe ik dit ga oplossen,' zegt Lucas, 'maar ik blijf hier niet. Stel je voor dat het weer gaat stormen of onweren. Ik ga mee terug met jullie.'

Lotte is blij, dan heeft ze Max tenminste ook weer bij zich.

Het water is gelukkig rustig nu. Echt heel anders dan op de heenweg. Onder het varen bedenken ze hoe ze het gaan aanpakken. Thijs' ouders mogen niet merken dat Lucas en Max ook bij Thijs op de kamer liggen.

'Gelukkig,' zegt Thijs als ze aan komen varen. 'Er brandt geen licht, dus ze slapen nog.' Thijs maakt het vlot vast. Zonder te praten sluipen ze naar de achterkant van het huis. Thijs pakt de sleutel uit zijn zak, steekt hem in de achterdeur en draait hem heel voorzichtig om. Ze sluipen naar binnen en gaan de trap op.

Thijs heeft de deur van zijn kamer net open wanneer de slaapkamerdeur van zijn ouders opengaat.

'Vlug!' Thijs duwt Lotte met Max en Lucas zijn kamer in.

Zijn vader kijkt hem slaperig aan. 'Waar kom jij vandaan?'

'Ik wilde weten of het vlot nog vastlag,' verzint Thijs gauw. 'Maar alles is in orde. Ik ga nog even slapen.'

'Mooi zo.' Zijn vader gaat ook zijn slaapkamer weer in.

Thijs zucht opgelucht. Ze doen snel hun pyjama's aan, schuiven de matrassen naast elkaar en gaan liggen. Maar slapen kunnen ze niet. Na een tijdje horen ze Thijs' vader naar de badkamer gaan. Als hij klaar is met douchen staat Thijs ook op. Hij gebaart dat de anderen moeten blijven liggen.

Ze horen Thijs' moeder het ontbijt klaarzetten.

Als Thijs heeft gedoucht roept hij Lotte. 'Jij mag douchen.'

Zijn ouders hebben niet in de gaten dat Lucas en Max boven zijn. Zodra Lotte en hij beneden komen beginnen ze over de storm.

'Kon je wel slapen met dit weer, Lotte?'

'Jawel hoor,' zegt Lotte, 'ik slaap altijd overal doorheen.'

'En jij, Thijs? Zo te zien heb je niet goed geslapen.'

'Dat klopt,' zegt Thijs en hij zucht. 'Ik was bezorgd om ons vlot.'

'Ja, om halfzes is hij gaan kijken,' zegt zijn vader. 'Maar hij lag er nog, hè jongen?'

Thijs knikt. Hij kijkt gespannen naar Lotte. Als alles volgens plan gaat, loopt Lucas nu met Max de trap af.

'Hadden we het zolderraam wel goed dichtgedaan?' vraagt Thijs' moeder.

'Ik niet,' zegt zijn vader geschrokken. 'Misschien is het daar wel een ravage.' Hij staat op om naar boven te gaan.

Lotte en Thijs verslikken zich bijna in hun thee. Thijs springt op. 'Ik kijk wel even, ik moet toch nog iets halen.'

'Fijn, jongen.'

Lotte kan wel juichen wanneer Thijs' vader weer gaat zitten.

Thijs loopt naar de achterdeur. Hij ziet Lucas en Max nog net naar buiten glippen en hij gaat snel naar zolder.

'En?' vraagt moeder.

Thijs steekt zijn duim op. Dan horen ze buiten geblaf.

'Ik hoor een hond,' zegt Thijs. 'Dat lijkt Max wel.'

'Dat kan toch niet,' zegt Lotte. Maar als ze weer hoort blaffen staat ze op en kijkt ze door het raam. 'Max!' roept ze.

'Is Max buiten?' Nu rent Thijs ook naar het raam.

'Max!' roept Lotte. 'Die schat is helemaal naar ons toe gerend.' Ze doet de voordeur open.

'Daar heb je Lucas ook,' zegt Thijs. 'Wat kom jij zo vroeg doen?'

Lucas komt hijgend binnen. 'Goedemorgen, mevrouw en meneer.' Hij kijkt naar Lotte. 'Ik moest Max toch van je uitlaten? Nou, dat ging dus helemaal niet. Hij rukte zich los en rende hierheen. En ik maar achter hem aan racen.' Lucas doet alsof hij uitgeput is en valt in de stoel neer.

'Max toch,' zegt Lotte, die haar lachen bijna niet kan inhouden. 'Heb je Lucas zo hard laten rennen?'

'Gelukkig is het goed afgelopen,' zegt Thijs' moeder. 'Heb je al ontbeten, Lucas?'

'Nee, mevrouw. Ik dacht: ik laat eerst Max uit.'

'Kom maar aan tafel, ik zal een bord en een beker voor je pakken.'

'Lotte,' zegt Thijs' vader, 'bel even naar huis, en vertel je moeder dat Max hier is. Anders wordt ze misschien ongerust.'

Lotte haalt haar telefoon uit haar zak. Ze drukt zogenaamd het nummer van haar moeder in. 'Hoi mam,' zegt ze. 'Max is helemaal naar Thijs gerend. Ja, Lucas had hem wel aan de riem, maar hij brak los. Lucas is ook hier. Dan weet je dat. Kus!'

Thijs' vader knikt goedkeurend. 'Dan weet ze het tenminste.' Hij staat op en gaat naar zijn werk.

Ze staan met z'n drieën en Max buiten als Thijs' mobiel gaat.

'Je pa, Lucas,' zegt hij. Hij neemt op en zet hem op de speaker.

'Dag meneer Van Amerongen. U belt zeker voor Lucas. Hij staat hier naast me.' Hij geeft de telefoon aan Lucas.

'Hai pap,' zegt Lucas.

'Jongen, wat hoor ik allemaal van mama? Jij wilt niet meer naar de school van die geweldige juf Brakel? Eerlijk gezegd snap ik er niets van. Ik zei net tegen mama: "Dat kan nooit door die schat van een juf Brakel komen." Maar je hoeft ons niet te vertellen wat er echt aan de hand is.'

'Dus ik mag van school?' vraagt Lucas.

'Jongen, er is duidelijk iets aan de hand waardoor jij daar weg wilt. Liefdesverdriet of zo, maar dat gaat meestal weer over. Daar moet je niet voor op de vlucht gaan.'

'Ik wil niet meer naar die school, pap.'

'Oké, jongen, van mij mag je eraf, maar niet meteen. Als je er over drie weken nog zo over denkt, dan schrijf ik je uit. Hebben we een deal?'

Lucas kijkt naar Lotte en Thijs. 'Doen!' fluisteren ze.

'Goed,' zegt Lucas. 'Deal!'

'Braaksel staat niet in de deuropening,' zegt Lotte als ze de school in willen gaan.

'Misschien is ze ziek,' zegt Thijs. 'Ik hoop het.'

Eenmaal binnen lopen ze met z'n drieën langs de kamer van juf Brakel. Het gebeurt voordat ze er erg in hebben. De deur gaat open. De magere hand met de lange grijpvingers steekt uit de deuropening en trekt Lucas naar binnen.

Lotte en Thijs kijken elkaar aan. Ze kunnen niks doen. Als ze zich ermee bemoeien wordt het alleen maar erger.

Terwijl Lotte en Thijs bij de kapstok op Lucas wachten, staat Lucas trillend in de kamer van juf Brakel.

'Hier had ik dus op gehoopt,' zegt ze en ze lacht gemeen. 'Onze bedorven gifkikker is terug. Ik snap niet dat je het lef hebt om nog één voet in mijn school te zetten.'

‘Dat wil ik ook niet,’ zegt Lucas. ‘Maar ik moet van mijn vader.’

‘Dat is heel goed bedacht van je vader. Hij is toch zo dol op je? Ik zal ervoor zorgen dat hij altijd naar je kan kijken. Ik ken iemand die gifkikkers heel mooi kan opzetten. Je vader moet nog even geduld hebben.’

‘Nee!’ roept Lucas bang.

‘Maak je geen zorgen,’ zegt juf Brakel. ‘Ik laat je niet zomaar opzetten. Ik ga op zoek naar een expert op dit gebied. Iemand die heel veel ervaring heeft met het opzetten van misselijkmakende etterbakjes, zoals jij.’

Lucas krimpt van angst in elkaar.

‘Het zal nog wel een poosje duren voordat het zover is, want ik ga niet over één nacht ijs. Ik ga het werk van meerdere experts bestuderen, waarna ik de beste uit zal kiezen. Wie weet hoelang dat duurt... Misschien een maand?’

‘Alstublieft, doet u dat niet!’ roept Lucas uit.

‘Wees gerust, ik draag er alle zorg voor dat je er prachtig uit komt te zien. Je vader zal trots zijn. Hij geeft je vast een mooie plek in zijn werkkamer. En nu wegwezen jij!’ Juf Brakel doet de deur open en duwt hem naar buiten.

Lotte en Thijs rennen meteen naar hem toe. ‘En?’

‘Ze heeft een heel eng plan,’ zegt Lucas en hij vertelt wat juf Brakel heeft gezegd.

‘Over een maand ben jij hier al weg,’ zegt Lotte. ‘Drie weken heeft je vader gezegd.’

5

Als Lucas de klas in loopt, ziet hij dat er een reep chocola op zijn tafel ligt.

'Omdat je van me hebt gewonnen,' zegt Milou als ze hem verbaasd ziet kijken.

'O ja,' zegt Lucas en hij lacht. Door dat gedoe met Braaksel was hij de wedstrijd helemaal vergeten.

'We doen straks weer een wedstrijdje,' zegt Milou. 'Ik heb thuis geoefend.'

'Echt?' vraagt Lucas.

'Nee hoor,' zegt Milou lachend.

'Weet je zeker dat je weer een wedstrijdje durft te doen?' vraagt Lucas.

'Natuurlijk,' zegt Milou. 'Ik ben een vechter, hoor, ik geef niet zo gauw op.'

Ze is best stoer, denkt Lucas.

Zodra de rekentaak op het bord staat telt Milou tot drie.

Ze beginnen verwoed te rekenen. Milou gaat echt sneller dan de eerste keer. Ze heeft nu al een stuk meer dan de helft van de sommen af wanneer Lucas zijn pen neerlegt.

'Je hebt weer van me gewonnen,' zegt ze.

Lucas legt de reep voor haar neer. 'Deze keer krijgt de

verliezer een reep van de winnaar,' zegt hij. 'Alsjeblieft, eerlijk verloren.'

Milou schiet in de lach. Leuk is hij, denkt ze. Keigoed in rekenen, maar geen opschepper.

Lucas kijkt naar Milou. Nu ze lacht ziet hij dat ze kuiltjes in haar wangen heeft. Dat vindt hij altijd zo leuk. Raar dat het hem nu pas opvalt. Hij denkt ook alleen maar aan die enge Braaksel. Lotte en Thijs hebben gelijk. Dat valse plan van Braaksel gaat niet door. Tegen de tijd dat ze een expert heeft gevonden, zit hij niet meer op deze school.

Hij denkt aan de storm van vannacht. Dat was pas eng. Toen die planken naar beneden klapten raakte hij in paniek. Ineens herinnert hij zich het boekje dat tussen de planken uit viel. Hij voelt in zijn zak. Het zit er nog. Als hij het eruit haalt ziet hij wat het is. Een piepklein opschrijfboekje. Hij bladert het door. Het staat vol met in potlood geschreven woorden. Maar hij kan niet lezen wat er staat. Het moet geheimschrift zijn. Het handschrift komt hem bekend voor. Het lijkt op het handschrift van de uitvinder. Hij moet weten of het waar is wat hij denkt en hij steekt zijn vinger op.

'Juf, ik ben mijn gymspullen vergeten, mag ik ze halen? Ik heb mijn rekenen al af.'

Juf Evi knikt. 'Ga maar even.'

Lucas pakt zijn jas en rent de school uit. Hij racet op zijn fiets naar het laboratorium. Onderweg denkt hij aan het handschrift. Is het van de uitvinder of hoopt hij dat alleen maar? Hij crost over het bospad, smijt zijn fiets neer, haalt de sleutel onder de steen vandaan en doet de deur open. Met zijn jas nog aan kijkt hij naar de planken vol flessen.

'Yes!' roept hij superblij als hij de etiketten ziet. 'Ik wist het! Het is hetzelfde handschrift.'

Hij zet de computer aan. Hij zoekt overal, maar nergens staat iets over geheimschrift. Tot hij een bestand vindt waarin iets staat over teksten van achter naar voren lezen. Lucas slaat het boekje open. En dan leest hij van achter naar voren. Hij ontcijfert de tekst.

Mijn derde uitvinding is veilig, leest hij. *Een pak van mijn hart. Stel je voor dat het in verkeerde handen valt, dan kunnen ze zomaar iemand laten verdwijnen.*

Iemand laten verdwijnen? denkt Lucas. Hij leest snel verder. *Dat gaat nu niet meer. De uitvinding zit in een bijzonder, antiek kompas en het ligt in het Stadsmuseum.* Lucas voelt zijn bloed door zijn lichaam kolken, zo opgewonden is hij. Het liefst zou hij alles over de derde uitvinding willen lezen, maar hij moet snel terug naar school. Hij sluit de boel af en racet weg.

Hijgend komt hij op het schoolplein aan. Het is net pauze.

Als hij goed had gekeken, had hij gezien dat juf Brakel voor het raam stond.

Hij racet naar de stalling en kan niet wachten om zijn vrienden te vertellen wat hij heeft ontdekt. In de tijd dat hij zijn fiets wegzet, sluipt juf Brakel de school uit. Ze kijkt waar Lotte en Thijs en Lucas staan en verstopt zich achter de dikke eik er vlakbij.

'Waar zijn je gymspullen?' vraagt Lotte.

'Ik heb mijn gymspullen niet gehaald,' zegt Lucas. 'Maar ik heb wel iets heel bijzonders ontdekt.' Voor de zekerheid kijkt hij om zich heen of de kust veilig is. Als hij niemand ziet begint hij te vertellen. 'De uitvinder heeft nog een belangrijke uitvinding gedaan. Een uitvinding die wij nodig hebben. Hij heeft uitgevonden hoe je iemand kunt laten verdwijnen.' Hij vertelt over het kompas in het museum. Lotte en Thijs zijn al net zo opgewonden als Lucas.

'Wij weten wel iemand die we willen laten verdwijnen,' zegt Lotte. 'Zou het dan toch nog lukken?' Ze willen alles over de uitvinding horen, maar helaas gaat de bel. Met z'n drietjes lopen ze de school in.

Grinnikend komt juf Brakel achter de eik vandaan.

'Die uitvinding in het kompas is voor mij,' fluistert ze. 'Dan kan ik eindelijk die drie mislukkelingen laten verdwijnen.'

Ze rent de school in. 'Van Dongen!' roept ze door de gang.

'Ja, mevrouw!'

'Luister,' zegt juf Brakel als de conciërge aan komt rennen.

'Ik heb onverwachts een vergadering op het gemeentehuis. Ik moet nu onmiddellijk gaan.'

'Goed mevrouw, ik hou de boel hier wel in de gaten.'

Juf Brakel gniffelt als ze haar huis binnen gaat. Ze loopt naar boven, doet haar kledingkast open en haalt er een bruine jurk met gele bloemen uit. Ze kijkt naar de jurk. 'Mijn geluksjurk,' zegt ze. De laatste keer dat ze hem aanhad, is alweer een tijd geleden. Tijdens haar sollicitatiegesprek op deze school. Toen heeft hij haar ook geluk gebracht. Met valse papieren heeft ze de baan als directeur gekregen. En nu gaat de jurk ervoor zorgen dat ze ongemerkt met dat mooie, antieke kompas het museum uit komt. Ze wil de jurk aantrekken, maar dan bedenkt ze zich. Stel je voor dat er iemand van het schoolbestuur in het museum rondloopt en haar herkent. Gelukkig heeft ze de jurk zo gemaakt dat ze hem aan twee kanten kan dragen. De binnenkant is gifgroen met blauwe bloemen, perfect voor dit moment. Ze draait de jurk binnenstebuiten en trekt hem aan. Daarna vist ze een doek uit de kast en knoopt hem om haar hoofd, zodat er heel weinig van haar gezicht te zien is. Nu nog een hoed, denkt ze, wanneer ze voor de spiegel staat. Ze pakt de hoed uit de kast en zet hem op.

Met een tevreden gezicht kijkt ze nog eens in de spiegel. 'Ben ik dit?' zegt ze grinnikend. 'Ik hoef echt niet bang te zijn dat iemand me herkent.'

Zou papa al voor de school staan? denkt Milou als de bel gaat. Zo snel als ze kan loopt ze de school uit. Het zal raar zijn. Voor het eerst gaat ze naar streetdance zonder Fleur. Misschien dat haar vader daarom aanbood haar te brengen. Echt iets voor haar vader, die is altijd zo lief. Toen ze vanmorgen aan het ontbijt zei dat ze ertegen opzag om alleen naar streetdance te gaan, zei hij ineens dat hij om die tijd een tentoonstelling in het Stadsmuseum wilde bekijken. Het museum ligt tegenover het gebouw waar zij streetdance heeft. Hij gaat nooit onder werktijd naar een museum, dus ze wist meteen dat het een smoesje was om haar te kunnen brengen.

Ja, daar is haar vader. Ze rent het plein over. Hij staat naast zijn auto. Milou slaat twee armen om hem heen.

'Hoe was het vandaag op je nieuwe school? Zijn het leuke kinderen?'

Milou denkt meteen aan Lucas. 'Heel leuk,' zegt ze stralend.

'Mooi zo,' zegt haar vader. Hij stapt in de auto. Milou gaat voorin naast hem zitten.

'Het zal wel even wennen zijn zonder Fleur,' zegt haar vader. Hij vraagt of er nog meer leuke meisjes in de groep zitten. Maar Milou hoort hem niet. Ze vraagt zich af waarom ze meteen aan Lucas dacht toen haar vader vroeg of het leuke kinderen zijn. Hij is ook leuk. Alleen al dat hij die reep aan haar gaf. En hij is echt heel slim. Veel slimmer dan de andere kinderen uit de klas...

'Milou, ik vraag je wat,' zegt vader.

'O, eh... sorry.'

'Of er nog meer leuke meisjes in de dansgroep zitten.'

'Best wel,' zegt Milou. Ze wil niet dat haar vader zich zorgen om haar maakt. Het is al zo lief dat hij haar brengt.

'Zet 'm op!' zegt haar vader en hij parkeert de auto.

'Jij ook in het museum,' zegt Milou.

Vanachter een geparkeerde bestelbus gluurt juf Brakel naar de bezoekers die het museum in gaan. Maar tot nu toe heeft ze nog niemand gevonden die ze voor haar plan kan gebruiken. Vloekend in zichzelf staat ze achter de bus. Daar komt weer zo'n stelletje aan. En daarachter lopen twee vrouwen. Wat heeft ze daaraan? Ik heb een sukkel nodig, denkt ze.

Maar dan ziet ze een man uit zijn auto stappen. Een bestuurder van een andere auto houdt hem aan. De man knikt vriendelijk, gaat terug in zijn auto en zet hem een stukje naar achteren zodat de andere auto genoeg ruimte heeft om te parkeren.

Die moet ik hebben, denkt ze. Zo'n zoetsappige vent die voor iedereen klaarstaat. Ze heeft geluk, hij gaat de trap van het museum op. Ze schiet achter de bus vandaan en strompelt het museum in. Bij de balie koopt ze een kaartje.

'O, meneer,' zegt ze wanneer ze de man heeft teruggevonden, 'u komt als geroepen! Zou u me soms kunnen helpen? Ik ben niet meer zo goed ter been, maar ik wil zo graag het antieke kompas bekijken.'

'Natuurlijk wil ik dat, mevrouw.'

Zie je wel, die sufferd trapt erin, denkt ze als de man voor haar informeert waar ze het kompas kunnen vinden. De vrouw achter de balie wijst de zaal aan.

'Mag ik u misschien een arm geven?' vraagt juf Brakel.

'Geen enkel probleem,' zegt de man.

'O, dank u wel, heel vriendelijk van u,' zegt ze en ze schuifelt aan de arm van de meneer de zaal in.

'Leuk dat u zo'n interesse in een oud kompas hebt,' zegt hij nog. 'Ik heb het weleens gezien. Kijk, daar verderop in die vitrine ligt het.'

'Heel hartelijk dank, u weet niet hoe blij u mij hiermee

maakt,' zegt juf Brakel. De vitrine is vlakbij, maar doordat juf Brakel steeds even stopt, lijkt het heel ver. Ze straalt als ze eindelijk het kompas ziet. 'O, wat prachtig. Ja, heel interessant.'

Juf Brakel kijkt naar de suppoost die een eindje verderop in een andere zaal staat.

'Zou u nog iets voor me willen doen? Ik zou zo graag nog meer over dit kompas willen weten. Waar ze hem hebben gevonden bijvoorbeeld. Zou u dat willen vragen voor mij? Dan ben ik u eeuwig dankbaar.'

'Een kleine moeite, hoor,' zegt de meneer en hij loopt naar de suppoost toe.

Nu! denkt juf Brakel als hij ver genoeg weg is. Ze haalt een hamer uit haar zak, slaat het glas in, grist het kompas uit de vitrine, stopt het in haar zak en terwijl het alarm loeit rent ze met het kompas in haar zak keihard het museum uit.

Milou kijkt verbaasd op als in plaats van haar vader, haar moeder na streetdance voor de deur staat.

'Waar is papa?'

'Die, eh... Hij werd weggeroepen. Er was iets belangrijks op het werk wat niet kon wachten. Hij heeft mij gebeld dat ik je moest halen.'

'Hoe kan dat nou? Daar staat zijn auto.'

'Eh... papa is opgehaald,' zegt haar moeder.

Milou vindt het maar vreemd. Haar vader wordt nooit opgehaald voor zijn werk.

'Is er echt niks met papa?' vraagt ze.

'Meisje, ik vertel je toch wat er aan de hand is. Je hoeft niet bezorgd te zijn.'

Misschien komt het door haar moeder die onder het rijden gestrest zucht, maar Milou vertrouwt het niet.

Haar moeder zegt niet veel onderweg, zelf heeft ze ook geen zin om te praten. Ze denkt aan haar vader. Waarom is hij niet even binnengekomen om het tegen haar te zeggen? Het is niets voor haar vader om zomaar weg te gaan.

Op haar kamer haalt ze haar verrekijker uit haar zak. Ze kijkt erdoor en denkt aan haar vader. Dan ziet ze hem voor zich. Haar vader zit verdrietig op een bankje in een heel kleine, kale ruimte. Dan ziet ze dat er een politieagent naar hem toe loopt. Hij zit op het politiebureau!

Milou zit aan tafel als haar moeders mobiel gaat.

Met een bezorgd gezicht neemt haar moeder de mobiel mee naar de gang. Dit klopt niet, denkt Milou. Ze moet weten wat haar moeder bespreekt en ze zet de deur op een kier.

'Ik weet zeker dat mijn man onschuldig is,' hoort ze haar moeder zeggen. 'Dit moet een misverstand zijn. Kan ik hem spreken? O, heel vervelend. Ik wacht uw telefoontje morgen af.'

Milous moeder staat met de telefoon in haar hand als Milou de deur verder opengooit. ‘Papa is niet op zijn werk,’ zegt ze, maar haar moeder reageert niet. ‘Waarom zeg je niks? Ik mag toch wel weten wat er aan de hand is? Ik ben geen kleuter meer.’

Haar moeder knikt. ‘Misschien moet ik het je ook maar vertellen. Toen papa in het Stadsmuseum was, is er een zeer waardevol antiek kompas gestolen. Ze verdenken papa, maar dat slaat nergens op. Zoiets zou hij nooit doen.’

‘Waarom verdenken ze hem dan?’

‘Op de videobeelden zagen ze papa met een oude dame de zaal waar het kompas lag binnen gaan. Die dame is er met het kompas vandoor gegaan. Ze denken dat papa in het complot zit. Hij wordt op het moment verhoord op het politiebureau.’

‘Wat gemeen,’ zegt Milou. ‘Ze moeten papa vrijlaten.’

‘Maak je maar geen zorgen,’ zegt haar moeder. ‘Papa zal ze wel weten te overtuigen dat hij niks met die oude vrouw te maken heeft.’

‘Moet hij de hele avond op het politiebureau blijven?’ vraagt Milou. ‘En vannacht ook?’

‘Dat hangt van de officier van justitie af,’ zegt haar moeder. ‘Vertel het maar aan niemand, dan krijg je alleen maar praatjes. Wij weten dat papa zoiets nooit zou doen.’

Met Lotte en Thijs heeft Lucas afgesproken dat ze morgen na school naar het museum gaan. Ze moeten dat kompas zien. Hij gaat het boekje straks bestuderen zodat hij al hun vragen kan beantwoorden.

Na het eten zet zijn opa het journaal aan. Maar Lucas is veel te opgewonden om zoals normaal mee te kijken.

‘Ik ga naar boven,’ zegt Lucas.

Het boekje, denkt hij, wanneer hij boven is. Het ligt nog beneden. Hij rent naar beneden, de kamer in.

'Dat is brutaal,' zegt zijn opa als hij binnenkomt. 'Een dief heeft op klaarlichte dag iets uit het Stadsmuseum gestolen. Dat geloof je toch niet? Ze is zo het museum uit gevlucht.'

'Wat is er gestolen?' vraagt Lucas.

'Dat heb ik even gemist,' zegt opa. 'Maar het maakt ook niet uit. Het gaat erom dat het kan, op klaarlichte dag nota bene. Ze hebben toch wel beveiliging daar? Of staan die bewakers soms te slapen?'

Lucas moet lachen. Echt zijn opa weer. Hij weet niet eens wat er is gepikt.

Hij pakt zijn boekje en gaat naar boven. Hij wil net beginnen als zijn mobiel gaat.

'Heb je het gezien op het journaal?' klinkt Thijs' stem opgewonden.

'Van die diefstal?' vraagt Lucas.

'Ja, iemand heeft het kompas gejat.'

'Wat?' roept Lucas geschrokken.

'Ja, een of ander oud wijfie heeft het gedaan.'

'Dus het is weg,' zegt Lucas. 'Het kompas is weg.'

Thijs heeft allang opgehangen als Lucas nog verslagen met de telefoon in zijn hand op bed zit. 'Hoe kan het,' zegt hij steeds. Hoe kan het dat het kompas is gestolen, net nu zij naar het museum wilden gaan?

6

Milou facetimet 's morgens vroeg meteen met Fleur.

'Mijn vader is opgepakt door de politie,' zegt ze.

'Wat?'

Milou vertelt over de oude dame en het kompas.

'Wat gemeen en wat erg voor hem,' zegt Fleur. 'Jouw vader is juist zo'n schat. En wat erg voor jou ook!'

'Jij bent de enige die het mag weten,' zegt Milou. 'Ik durf bijna niet naar school. Ik ben bang dat iedereen erover begint en dat ik dan moet huilen.'

'Logisch,' zegt Fleur. 'Weet je wat je moet doen? Je gaat gewoon op het allerlaatste nippertje naar school. Dan zitten ze al in de klas en hoef je met niemand te praten.'

'Dat ga ik doen,' zegt Milou. 'Goed idee.'

'Ik vind het echt heel erg voor je.'

'Ik laat nog wel weten hoe het gaat, ciao.'

Juf Brakel staat op het schoolplein en kijkt naar een kiepwagen waar een berg stenen uit komt rollen.

De chauffeur seint naar een van de bouwvakkers die op het plein staan, dat de cementmolen ook uitgeladen mag worden.

De conciërge komt aangerend. 'Wat bent u van plan?'

Hij kijkt bezorgd naar de berg stenen voor het speelparadijs.

'Heb ik je daarom gevraagd hier 's morgens om zeven uur te zijn,' snauwt juf Brakel. 'Om een potje te zeuren?'

'Nee, mevrouw,' zegt Van Dongen, 'neemt u mij niet kwalijk.'

'Wat heb ik jou nou al tien keer gevraagd? Nou?' vraagt ze als de werkmannen zijn vertrokken.

'Geen domme vragen te stellen, mevrouw, geen sukkel te zijn, geen...'

'Fout! Die dingen heb ik je geen tien keer gevraagd maar honderd keer. Dat heb ik allang opgegeven. Jij bent en blijft een sukkel. Denk na: waar erger ik me groen en geel aan?'

'Aan mij, mevrouw.'

'Je bent nog dommer dan ik dacht,' snauwt juf Brakel. 'Natuurlijk erger ik me aan jou. Maar er is iets waar ik woest van word en wat ik in deze school niet wil hebben.'

'Dieren, mevrouw Brakel. De kinderen mogen volstrekt geen dieren meenemen. En verjaardagen mogen niet worden gevierd en van het aquarium wilde u af. En de beloofde kinderboerderij hebt u tot nu toe tegen kunnen houden.'

'Goed zo, bolleboos van me. En wat is hier pasgeleden wel op het schoolplein neergezet?'

'Dit leuke speelparadijs.'

'Precies, en daarom moet het weg. Leerlingen hoeven niet blij te zijn op school. Ze moeten hun best doen en hard leren.'

'U hebt mij gevraagd ervoor te zorgen dat het speelparadijs voorgoed verdwijnt,' zegt Van Dongen.

'Juist. Hoe kan het dan dat het er nog steeds staat? Ik heb speciaal een wals voor je gehuurd.'

'Mevrouw, ik kon het niet over mijn hart verkrijgen die prachtige toestellen plat te walsen. Het is een geschenk van Dylan Haegens. Het moet goudgeld hebben gekost.'

'Hou op over die flapdrol! Wie zet er nou zulke rommel op een schoolplein? Hoeveel reken- en taalboeken hadden we voor dat geld niet kunnen kopen? Het is een schande.'

'Ik begrijp dat het u stoort, mevrouw. Dan moet ik daar een oplossing voor bedenken.'

'En daar kom je nu pas mee? Dat je een oplossing gaat bedenken? Man, je bent nog langzamer dan een slak. Je denkt toch niet dat ik daar nog langer op ga wachten. Ik heb zelf al een oplossing bedacht. En nu aan het werk. In de aula liggen rollen vuilniszakken. In elke zak moet je drie gaten knippen. Twee opzij en een aan de bovenkant. Als je daarmee klaar bent vertel ik je mijn oplossing.'

'Moet je nou zien!' roept Daan als hij met een paar anderen het schoolplein op loopt. 'Wat moeten die stenen daar?'

De anderen zien het ook.

'Braaksel laat voor zichzelf een graftombe bouwen,' zegt Bram lachend.

'Maar dan komt ze 's nachts om twaalf uur weer tot leven,' zegt Daan. 'En dan gaat ze met haar rammelende skelet door de stad lopen en op onze ramen bonken.'

'Hou op met die griezelige verhalen,' zegt Zoë. 'Ik vind Braaksel toch al zo eng.'

'Maar ons niet, hè?' zegt Daan. 'Bram en ik zijn twee vriendelijke zombies.'

Bram knikt. 'Heel vriendelijk, maar we hebben wel bloed nodig, mensenbloed!' Met uitgestrekte, maaiende armen lopen ze allebei op Zoë en Anna af. 'Wraaaw!'

Anna en Zoë rennen gillend de school in.

Vlak voor de bel gaat, rent Milou de school in, zodat ze met niemand hoeft te praten. Maar ze heeft pech, Lucas staat nog bij de kapstok.

'Hi,' zegt hij.

Milou voelt zich ongemakkelijk.

'Heb je gezien...' begint hij.

'We, eh... We moeten naar de klas,' zegt ze gauw en ze rent de klas in en gaat zitten.

Lucas ploft naast haar neer. 'Heb je...' zegt Lucas.

Milou verstijft.

'Heb je die stenen op het plein zien liggen?' vraagt hij.

'Ja, een hele berg,' zegt Milou opgelucht.

Bram vraagt het net aan juf Evi: 'Juf, wat gaat er op het plein gebeuren?'

'Geen idee, jongens. Ik weet niet wat voor plan juf Brakel daarmee heeft. Dat krijgen we zo te horen. Zodra de bel drie keer gaat worden we in de aula verwacht.'

Sanne steekt haar vinger op. 'Hebt u gisteravond het *Jeugdjournaal* gezien, juf?'

'Ja!' roept Daan. 'Een oud mens heeft een kompas uit het Stadsmuseum gestolen.'

'Ze hebben haar nog niet gevonden,' zegt Sanne.

'Maar wel die vent met wie ze samen het museum in ging,' zegt Daan.

Milou slaat haar ogen neer. Heeft het toch geen zin gehad dat ze zo laat naar school is gegaan. Het liefst zou ze weglopen.

'Die man ontkent dat hij er iets mee te maken heeft,' zegt Thijs. 'Dat geloof je toch niet?'

'Daar trapt toch niemand in,' zegt Lotte. 'Die crimineel zit nog vast en dat is maar goed ook, natuurlijk zit hij in het complot.'

'Nietes!' Het is eruit voordat Milou er erg in heeft. Ze schrikt er zelf van. Maar doordat iedereen door elkaar roept, heeft niemand het gehoord.

Behalve Lucas. Hij kijkt naast zich en ziet de tranen in Milous ogen. Dit klopt niet, denkt hij.

Groep zeven wil net aan de rekenles beginnen als de bel drie keer gaat.

'Nou, jongens,' zegt juf Evi. 'Stop maar met jullie werk. Nu krijgen we te horen waarom die berg stenen op het plein ligt.'

Niet alleen groep zeven, maar ook groep acht komt de aula in.

Juf Brakel staat klaar achter de katheder. Zodra de deur dicht is begint ze.

'Vandaag wordt een andere dag dan anders. Jullie krijgen geen rekenen en geen taal.'

De leerlingen beginnen te juichen. 'Yes! We hoeven vandaag niet te leren!' wordt er geroepen.

'Stilte!' Juf Brakel slaat met haar liniaal op de katheder. 'Er wordt hier vandaag wel degelijk geleerd. Misschien nog wel meer dan anders. Jullie gaan leren hoe je een kasteelmuur moet bouwen. Niet van lego, dat kinderachtige spul wil ik hier op school helemaal niet zien, maar van echte stenen en cement. Vandaag zijn jullie bouwvakkers.'

'Gaaf!' roept iemand. 'Mijn vader is ook bouwvakker.'

'En ik wil metselaar worden,' roept een ander.

'Ik zal nu het plan van aanpak voorlezen,' zegt juf Brakel. 'Groep zeven moet de cementmolen draaiende houden en het cement uitdelen, samen met Van Dongen. Groep acht metselt de muur laag voor laag. Wanneer de muur zo hoog is dat jullie er niet meer bij kunnen, gaat groep acht op de ladders staan en metselen ze de kantelen. Zijn hier nog vragen over?' Juf Brakel kijkt de leerlingen aan. 'Als niemand een vraag heeft zal ik jullie vertellen waar de kasteelmuur komt te staan. Precies voor het speelparadijs. De kasteelmuur sluit het speelparadijs als het ware af, zodat de kinderen uit de buurt er geen gebruik meer van kunnen maken. We moeten namelijk heel voorzichtig zijn met dit prachtige speelparadijs. Het was een gift uit een goed hart en dat verdient dat wij er zuinig mee zijn.'

Iedereen is het ermee eens. Laatst hebben kinderen uit de buurt de glijbaan met verf beklad, dat vonden ze heel erg.

'Van Dongen!' roept ze. 'Deel de werkkleding uit.'

'Werkkleding?' roepen ze.

'Jullie willen toch niet dat jullie goede kleren onder het cement komen te zitten?' zegt juf Brakel.

De conciërge komt binnen met een enorme stapel vuilniszakken.

De leerlingen kijken geschrokken. Moeten ze in een vuilniszak lopen?

Juf Brakel vouwt een zak open. 'Jullie zien het: aan de zijkanten zit een gat voor jullie armen en bovenaan zit een groter gat voor jullie hoofd.'

'Daar ga ik niet in lopen,' moppert Bram.

Iedereen is verontwaardigd.

'En nu snel je werkkleding aan en aan de slag. Vort!' roept juf Brakel en ze zwaait dreigend met haar liniaal.

Daan vouwt zijn zak open. Hij steekt zijn armen erdoor en probeert zijn hoofd er ook door te steken, maar dat gaat niet. Er zit geen gat. Met zijn hoofd in de zak en zijn armen eruit loopt hij 'boe' roepend naar buiten.

'Moet je dat gekke spook nou zien,' zegt Anna. 'Hij botst overal tegenop.'

Lotte en Thijs moeten ook lachen. Maar juf Evi vindt het gevaarlijk. Hij moet de zak uittrekken en een schaar halen.

Op het schoolplein wordt de hele dag keihard gewerkt. Groep zeven heeft heel wat emmers cement uitgedeeld. Iedereen vindt het leuk werk. De muur wordt hoger en hoger. Groep acht is al aan de kantelen begonnen.

Lucas kijkt naar Milou. Ze kijkt op haar mobiel. Dat deed ze net ook al onder de les, terwijl dat niet mag. En toen zag ze er ook zo gestrest uit, net als nu. Wat zou er zijn?

Groep zeven had nooit gedacht dat juf Brakel zoveel waarde aan hun speelparadijs hechtte. Nu de kantelen bijna klaar zijn lijkt het echt een kasteelmuur.

'Welkom bij mijn kasteel,' zegt Daan. 'Ik ben de ridder van dit kasteel.' Hij gaat voor Anna staan. 'O, schone jonkvrouw, wilt u met mij trouwen en in dit prachtige kasteel komen wonen. U zult een geweldig leven met mij krijgen.'

'Ja hoor, dat wil ik dolgraag ridder Flapdrol. Dan dompelen Zoë en ik je lekker onder in de slotgracht.'

Als de laatste steen is gelegd, komt juf Brakel naar buiten.

Tevreden kijkt ze naar de kasteelmuur. 'Ik moet zeggen, jullie hebben heel hard gewerkt. Het ziet er prachtig uit.'

Daan steekt zijn vinger op. 'We hebben nog een uurtje, juf Brakel. Mogen we omdat we zo hard hebben gewerkt in ons speelparadijs spelen?'

'Jaaaa!' roepen ze.

'Hoe willen jullie dat doen?' Er verschijnt een vals lachje op juf Brakels gezicht.

Nu zien ze het pas. Er zit geen poort in de kasteelmuur. De kinderen uit de buurt kunnen er niet in, maar zijzelf ook niet meer.

'Dom, hè?' zegt juf Brakel. 'Jullie hebben er geen poort in gemaakt. Maar geen probleem, je moet van je fouten

leren. Zo zie je maar weer, je moet altijd je hersens gebruiken, anders gaat het mis. Maar wees blij, de kasteelmuur beschermt jullie prachtige speelparadijs. Zo kan er niets mee gebeuren. En nu vort, allemaal terug naar je lokaal.'

Woedend komt groep zeven de klas binnen. Iedereen is kwaad op juf Brakel.

'Ze heeft ons er gewoon in laten lopen,' roept Bram.

'Ik begrijp het niet,' zegt Milou. 'Ze is toch de liefste juf?'

'Nee hoor, helemaal niet,' zegt Lucas. 'Pas maar op voor haar.'

Milou snapt er niets van.

Lucas ziet dat ze het niet begrijpt, maar hij heeft geen zin om haar nu te vertellen hoe vals Braaksel is. Hij is veel te kwaad. Op Braaksel, maar nog kwader op zichzelf. Als hij niet de hele tijd Milou in de gaten had gehouden, dan had hij allang gezien dat er een poort gemaakt moest worden.

7

'Wat een monster is Braaksel toch,' zegt Lotte als ze na school met z'n drieën naar huis fietsen.

'We moeten van haar af,' zegt Lucas. 'We mogen het niet opgeven. Ik ga alles over die verdwijnuitvinding bestuderen. Wie weet wat ik vind. Misschien kan ik de uitvinding namaken en hebben we het kompas niet nodig.'

'Dat lijkt me een superidee,' zegt Thijs.

'We zien je zo,' zegt Lotte. 'We halen Max even op en komen dan naar je toe.' Lotte en Thijs slaan rechts af.

Lucas rijdt door naar het laboratorium. Hij kan niet wachten om de computer aan te zetten. Misschien komt hij nergens achter, en is hij teleurgesteld. Maar dan heeft hij tenminste het gevoel dat hij er alles aan heeft gedaan.

Opgewonden gaat hij het laboratorium in. Hij zet de computer aan en begint meteen te lezen. Eerst duizelt het hem. Wat betekenen al die getallen? Maar ineens begint hij het te begrijpen.

Terwijl Lucas verdiept is in de uitvinding, komt juf Brakel haar huis binnen. Ze doet de deur achter zich op slot en loopt meteen door naar de kelder. Met haar jas nog aan steekt ze haar hand in het gat van een oude versleten stoel. ‘Gelukkig!’ zegt ze hardop en ze haalt het antieke kompas uit de vulling. Gisteren heeft ze hem daar verstopt, maar ze was er niet gerust op. Ze zag steeds voor zich dat een inbreker de verstopplek zou ontdekken. Maar een betere plek kon ze niet bedenken. Eerst had ze buiten een kuil gegraven, maar na een kwartier haalde ze het er weer uit. Stel je voor dat het ding zou gaan roesten en dan niet meer werkte...

Ze gaat naar boven en loopt met het kompas door het huis. Ze stopt het in de koffiepot en daarna in de wasmachine, in een braadpan, onder haar matras. Ze probeert de ene plek na de andere, maar steeds haalt ze het er weer uit. Eigenlijk is er niet één plek in haar huis waar het kostbare kompas veilig is. Ze vertrouwt het gewoon niet!

Ze kijkt naar het kompas. ‘Jou mag ik niet kwijtraken,’ zegt ze. ‘Jij kunt mensen laten verdwijnen. Hoe precies, dat weet ik nog niet, maar daar kom ik wel achter. Ik ben slim genoeg. Het zal niet lang duren of de school heeft drie leerlingen minder. Wat zal het geweldig zijn als ik van die drie etterkoppen af ben!’

Ze loopt maar met het kompas door het huis. Als ze alle plekken die ze maar kan bedenken heeft geprobeerd, ploft ze woest op een stoel neer.

'Wat is dit voor rothuis!' roept ze. 'Er is niet eens een plek te vinden waar het kompas veilig is.' Ze blijft in de stoel zitten en denkt na. Haar hersens kraken en dan verschijnt er een lach op haar gezicht. 'Ik heb het,' zegt ze grinnikend. 'Ik weet een plek waar niemand komt en waar ik mijn kostbare vondst kan verstoppen.'

'Heb je al iets ontdekt?' vraagt Thijs als hij samen met Lotte het laboratorium in komt.

Lucas hoort hen niet eens, zo ingespannen is hij bezig.

'Laat hem maar,' zegt Lotte. 'We gaan even lekker door het bos lopen met Max.'

Ze trekken de deur achter zich dicht. Door het raampje kijken ze nog even naar Lucas. Hij zit zowat met zijn neus tegen het scherm.

Lotte maakt de riem van Max los. 'Ga maar rennen.'

'Zo fijn dat Max hier weer los kan lopen,' zegt Thijs.

Ze denken alle twee aan Alie Cyaankali die Max had ontvoerd. Lotte krijgt weer koude rillingen als ze eraan terugdenkt. Maar daar hoeven ze nu niet bang voor te zijn. Die twee genieperds zitten veilig achter slot en grendel.

'Zullen we langs het huis van Alie Cyaankali gaan?' zegt Lotte. 'We zijn daar nooit meer geweest.'

'Durf je dat?' vraagt Thijs.

'Ze is er toch niet,' zegt Lotte. 'Ze zit in de gevangenis.'

'Wel lekker spannend,' zegt Thijs. Als ze vlakbij zijn vindt Lotte het toch een beetje eng. Ze merkt aan Thijs dat hij het ook spannend vindt. De hele weg liepen ze te praten, maar nu zeggen ze niets meer. Ze zien het huis al liggen, zo dichtbij zijn ze. Ze zijn nog maar een paar meter van het grindpaadje van Alies huis verwijderd als ze voetstappen horen. Ze knijpen in elkaars hand en verzetten geen stap meer. Nu horen ze het heel duidelijk: er loopt echt iemand op het grind.

Thijs en Lotte bedenken zich geen seconde. Ze draaien zich om en rennen terug.

Hadden ze maar in de tuin gekeken, dan hadden ze gezien dat juf Brakel de schuurdeur opendoet en naar binnen gaat. Helemaal in de uiterste hoek van de schuur hangt een heel groot spinnenweb met een dikke reuzenspin erin. Ze weet dat Alie haar reservesleutel achter het web heeft gehangen. Daar is-ie veilig. Niemand durft langs die monsterlijk grote, enge spin om de sleutel te pakken. 'Alsof ik bang ben voor zo'n spinnetje,' zegt juf Brakel grinnikend. Met gemak steekt ze haar hand door het web. 'Hebbes!'

Nog geen minuut later stapt ze Alies huis binnen. Op een kastje in de gang staat een opgezette kraai. Dat stomme beest zou weleens een geschikte plek kunnen zijn, zegt ze hardop. Ze loopt verder. In de keuken ziet ze een opgezette uil.

'Een van de lievelingen van Alie,' zegt ze. 'Jij bent ook heel geschikt.' Maar ze wil nog meer dieren zien en loopt de kamer in.

Wat een verzameling! Ze is wel een echte liefhebber. 'O o, wat zal ze jullie missen in de gevangenis,' zegt ze gniffelend. 'Net goed voor dat kreng. Voorlopig komt ze niet terug.' In de hoek van de kamer staat een zwarte kat. Juf Brakel weet nog dat Alie die vond, het enge monster.

Ze gaat de trap op naar Alies slaapkamer. Zodra ze de deur opendoet, kijkt ze naar een grote dikke, opgezette rat die op het voeteneind van Alies bed ligt. 'Jou moet ik hebben!' Ze heeft haar keus gemaakt. Ze pakt de rat van het bed en neemt hem mee naar beneden.

Ze sluit de deur en hangt de sleutel weer achter het spinnenweb. En met het opgezette beest in haar fietstas rijdt ze naar huis.

Tevreden kijkt ze tien minuten later naar de rat die op het aanrecht ligt. Ze haalt een scherp mes uit de la en snijdt een gat in de buik van de rat. Dan haalt ze er wat vulling uit en stopt het kompas in de buik. Ze wil het gat dichtplakken maar dan bedenkt ze dat dat te onhandig is. Ze moet het er wel makkelijk uit kunnen halen.

'Hihi.' Ze gniffelt. 'Nu mag je aan het voeteneind van míjn bed liggen.' Ze kijkt of het gat te zien is, maar dat is niet zo. 'Ik hoef niet bang te zijn dat iemand in jou gaat wroeten. Mensen zijn bang voor ratten.'

Lotte en Thijs zien het al aan Lucas' teleurgestelde gezicht wanneer ze de deur van het laboratorium opendoen.

'Je hebt zo te zien verder zeker niks ontdekt.'

'Niets wat we nog niet wisten, helaas,' zegt Lucas.

'Balen dat het kompas nu net is gestolen,' zegt Thijs.

Lucas knikt. 'Als we Braaksel willen laten verdwijnen moeten we het kompas in handen krijgen.'

'Je bedoelt dat we het moeten afpikken van die dief?' zegt Lotte.

Lucas knikt.

'Hallo,' zegt Thijs, 'lekker makkelijk. We weten toch helemaal niet wie dat is en waar ze woont?'

'Nee,' zegt Lucas, 'maar dat is vanaf nu onze missie: uitvinden wie dat oude mens is en waar we haar kunnen vinden.'

8

Na school rijdt Milou meteen naar huis. Ze hoopt zo dat haar vader is vrijgelaten.

Maar als ze binnenkomt, ziet ze het aan haar moeders bezorgde gezicht. 'Mag papa nog steeds niet naar huis?'

Haar moeder schudt haar hoofd. 'Ik heb vanochtend een gesprek gehad met papa's advocaat. De officier van justitie vindt dat papa niet meewerkt. Omdat hij maar blijft beweren dat hij die oude dame niet kent. Dat ze slecht ter been was en dat hij haar alleen heeft geholpen. Maar dat geloven ze dus niet.'

'En als hij wel informatie over de oude dame had gegeven, was hij dan vrijgelaten?'

Milous moeder zucht. 'Waarschijnlijk wel. Omdat hij niet meewerkt is er beslist dat papa wordt overgeplaatst naar de gevangenis zolang het onderzoek loopt, tenzij hij vandaag alsnog informatie over die oude dame geeft. Zo willen ze hem tot spreken dwingen.'

'Hoe kan papa nou iets over die vrouw vertellen?' zegt Milou. 'Hij kent haar helemaal niet, dan kan hij toch ook geen informatie over haar geven?'

'Nee,' zegt haar moeder, 'dat is ook het lastige. Maar ze staan gearmd op de beelden van de bewakingscamera en dat maakt hem verdacht.'

Nu dringt het pas echt tot Milou door hoe erg haar vader in de problemen zit. Zolang hij niks vertelt houden ze hem vast. Dat kan weleens heel lang gaan duren.

'Mogen we naar hem toe?' vraagt Milou.

'Nee, nu nog niet.'

Milou wordt weer boos. 'Er klopt niks van. Dat oude mens was een bedriegster. Niks klopt. Op school ook al niet.'

'Wat is er op school gebeurd dan?'

Milou haalt haar schouders op. Ze vertelt wat er met het speelparadijs is gebeurd. 'Juf Brakel is dus helemaal niet zo lief,' zegt ze. Ze kijkt naar haar moeder. 'Waarom lach je nou? Vind je het dan niet gemeen wat ze heeft gedaan? Dylan Haegens heeft de school een speelparadijs gegeven en niemand kan er meer in.'

'Lieverd, juf Brakel haalt gewoon een grapje met jullie uit. Je denkt toch niet dat ze die kasteelmuur heeft laten neerzetten om jullie te plagen? Ik vind het trouwens een briljant idee. Nu kunnen de kinderen uit de buurt het speelparadijs niet meer beschadigen.'

'Maar er zit geen poort in. Wat hebben we er dan nog aan?'

'Daarom denk ik dus dat het een grapje is. Wedden dat jullie morgen op school komen en er ineens een poort in zit?'

'Denk je dat?' vraagt Milou.

'Ik denk het niet alleen, ik weet het wel zeker,' zegt haar moeder.

Op haar kamer denkt Milou erover na. Als haar moeder gelijk heeft dan is het wel een goeie grap. Maar waarom zei Lucas dan dat ze voor juf Brakel moet oppassen? En waarom noemen al haar klasgenoten haar Braaksel? Ze weet niet wat ze ervan moet denken.

Ze zucht. Dan is juf Brakel maar niet zo lief. Dat van papa vindt ze veel erger. Hoe kan hij nou iets vertellen over die oude vrouw als hij haar niet eens kent? Kon ze hem maar helpen. Wist ze maar wie dat oude vrouwtje was. Ze gaat op haar bed zitten, houdt de verrekijker voor haar ogen en denkt aan haar vader. Dan ziet ze haar vader in een kamertje zitten. Een rechercheur houdt een foto voor hem. Op de foto staat haar vader. Er staat iemand naast hem, dat moet het oude dametje zijn. Ze staat krom en leunt op een stok. Ze heeft een rare gifgroene jurk aan met blauwe bloemen. Maar haar gezicht is lastig te zien. Ze heeft een doek om haar hoofd en daaroverheen zit nog een hoed. Ze ziet wel dat ze een grote neus heeft. En haar ogen ziet ze. Die zien er heel gemeen uit. Dat haar vader dat niet heeft gezien. Als hij goed had gekeken had hij haar nooit geholpen.

Dus jij hebt mijn vader erin laten lopen, denkt ze. Jij bent de reden dat mijn vader gevangenzit.

Ze staart een tijdje voor zich uit en dan komt ze overeind. Wacht eens even... Ze kan haar vader wel helpen. Ze moet op zoek gaan naar dat oude mens. Ze weet nu hoe ze eruitziet. Als ze haar vindt, komt papa vrij.

'Milou!' roept haar moeder van onder aan de trap. 'Je wilde toch naar de bibliotheek? Dan moet je nu gaan, anders is hij dicht.'

Een paar minuten later zit Milou op de fiets. Ze rijdt heel langzaam. Ze kijkt of ze ergens een oud krom vrouwtje ziet lopen. Dan ziet ze een oude vrouw achter een rollator... Dat zou haar weleens kunnen zijn! Milou fietst naar haar toe. Maar als ze dichterbij komt ziet ze heel lieve ogen en dat had dat gemene mens niet. De hele weg speurt Milou om zich heen. Daar, aan de overkant! Ze steekt de weg over, maar deze vrouw heeft een heel klein rond hoofdje. De oude vrouw op de foto had juist best een groot hoofd.

'Milou!' hoort ze achter zich. Als ze zich omdraait ziet ze Lucas staan. 'Hoi,' zegt ze. Ze voelt dat ze een kleur krijgt. 'Ik, eh... Ik ga naar de bibliotheek,' zegt ze gauw.

'Goed dat ik je zie,' zegt Lucas. 'Ik wilde je nog even waarschuwen. Ik zei toch dat je moet oppassen voor Braaksel?'

'Ja,' zegt Milou, 'dat was zeker een grapje.'

'Nee, jammer genoeg niet,' zegt Lucas. 'Ze is heel gemeen en vals.'

'Maar ze is toch gekozen tot liefste juf van de provincie?'

'Dat komt omdat ze heel sluw is,' zegt Lucas. 'Je moet haar nooit vertrouwen. Echt niet. Als je langer bij ons op school zit, kom je er vanzelf wel achter dat ze heel slecht is. Ze doet zich heel lief voor en iedereen trapt erin. De politie, de burgemeester, onze ouders...'

Milou denkt aan de oude vrouw. Daar is haar vader ook in getrapt. Hij wilde haar helpen en nu zit hij vast.

'Wacht even!' roept Lucas en hij rent bij haar weg.

Even later komt hij terug. 'Ik dacht dat ik dat oude mens zag dat het kompas heeft gestolen, maar ze was helemaal niet oud... Ik wil haar vinden, weet je.'

'Ik ook,' zegt Milou.

'Vind jij het ook zo erg dat het antieke kompas is gestolen?' vraagt Lucas verbaasd.

'Nee, dat kompas kan mij niks schelen,' zegt Milou.

'Waarom wil je haar dan vinden?'

'Zomaar,' zegt Milou.

'Daar komt weer een oud mens aan,' zegt Lucas.

'Dat is haar niet,' zegt Milou. 'Deze vrouw loopt niet krom en ze heeft geen stok en geen grote neus.' Ze schrikt er zelf van. Wat zegt ze nu?

'Huh... Hoe weet je dat die vrouw er zo uitziet?' vraagt Lucas.

Milou slaat haar ogen neer. 'Dat denk ik alleen maar,' zegt ze gauw. 'Maar ik moet nu gaan anders is de bibliotheek dicht. Tot morgen.'

Lucas kijkt Milou na. Wat doet ze vreemd. Hij denkt aan vanochtend toen ze zo zeker wist dat die man die wordt vastgehouden onschuldig is. En nu is ze op zoek naar een kromlopend oud vrouwtje met een stok. Hij fietst meteen naar Thijs en appt Lotte dat ze ook moet komen.

'Ben je ergens achter gekomen?' vraagt Thijs als Lucas plotseling bij hem voor de deur staat.

Lucas knikt opgewonden. Ze zitten nog niet op Thijs' kamer of ze horen Lotte de trap op komen.

'Het gaat zeker over ons plan om dat oude dametje te vinden. Ik heb er nog over nagedacht,' zegt Lotte. 'Het is veel te moeilijk. We weten helemaal niets over haar.'

'We weten wel wat,' zegt Lucas, 'daarom ben ik hierheen gekomen. Ze loopt met een stok, is krom en heeft een grote neus.'

'Hoe weet je dat?' vraagt Lotte.

Lucas vertelt over de ontmoeting met Milou. En ook wat hij vanochtend hoorde in de les.

'Zou Milou er meer van weten?' vraagt Thijs.

Lucas knikt. 'Dat weet ik eigenlijk wel zeker. Ik zag het aan haar. En ik weet niet of het jullie is opgevallen, maar af en toe kijkt ze op haar mobiel en dan is ze heel gestrest.'

'Dat heb ik ook al een keer gezien,' zegt Lotte. 'Zou zij iets met de verdwijning van het kompas te maken hebben?'

9

Juf Brakel sluit alle gordijnen in haar huis. Zo kan niemand haar bespieden. Ze loopt grinnikend de trap op.

In de slaapkamer haalt ze het kompas uit de buik van de rat en neemt het mee naar beneden.

'Jij weet niet hoe belangrijk jij voor me bent,' zegt ze. 'Door jou ben ik binnenkort af van die drie monsters uit groep zeven.'

Maar voordat ze toeslaat, moet ze uiteraard eerst een proef doen. Ze zet een koffiepot op tafel. 'Nu zullen we eens kijken hoe snel jij gaat verdwijnen.' Ze kijkt naar de koffiepot, maar dan vindt ze het ineens zonde van de koffiepot en ze pakt een oude gebarsten theepot uit het kastje. Ze beweegt het kompas over de theepot heen en zegt: 'Hocus pocus pilatus pas, ik wilde dat deze theepot verdwenen was.'

Vol spanning kijkt ze naar de theepot, maar er gebeurt helemaal niets. Vreemd... Misschien moet ze een andere toverspreuk gebruiken? 'Simsalabim!' Maar weer gebeurt er niets. Ze probeert alle toverspreuken die ze kent, beweegt het kompas over de theepot, maar niets werkt.

'Wat is dit voor een domme theepot? Je had moeten verdwijnen, stom ding!' Van woede smijt ze de theepot op de grond. Ze trapt de stukken door de keuken en loopt stampvoetend met haar handen in haar haar heen en weer. Maar dan let ze niet op en glijdt ze uit over de tuit van de theepot. Kermend ligt juf Brakel op de keukenvloer. 'Au! Au, mijn arme botten!!!'

Kreunend komt ze overeind. 'Ik moet het weten,' zegt ze. 'Ik rust niet voordat ik weet hoe dat stomme kompas werkt.' Ze probeert de woorden van Lucas terug te halen en dan weet ze het ineens: dat kompas tovert alleen levende wezens weg.

Maar voordat ze echt haar slag gaat slaan en de drie kinderen laat verdwijnen, wil ze eerst een proef doen. Maar met wie? Van Dongen! Dat ik daar niet eerder aan heb gedacht, denkt ze. Van Dongen wordt haar proefkonijn. Van die sukkel heeft ze toch alleen maar last. Wat zal het geweldig zijn als ze hem zo ziet verdwijnen... Dit moet lukken!

Als ze echt wil dat het lukt moet ze zich omkleden. Ze loopt naar boven, doet haar kledingkast open en haalt de gifgroene jurk met blauwe bloemen eruit. Ze keert de jurk weer om. De jurk zal haar net zoveel geluk brengen als toen met het kompas in het museum, en niemand zal hem op deze manier herkennen. Ze trekt de jurk aan en bekijkt zichzelf in de spiegel. 'Van Dongen, daar ga je!' roept ze met een gemene stem.

Maar dan twijfelt ze ineens. Is ze niet te overmoedig? Moet ze niet stap voor stap te werk gaan? Kan ze niet beter eerst een proef doen met een dier?

Dan verschijnt er een valse lach op haar gezicht. 'Ik weet wel welk dier ik wil laten verdwijnen,' zegt ze. 'Die rothond van Lotte.' Ze ziet het verdrietige gezicht van Lotte al voor zich. 'Dat stomme kind is helemaal lyrisch van dat lopende vlooienpakhuis. Haha, wat zal die meid janken. Ik laat haar eerst een tijd heel verdrietig zijn en als de ergste pijn voorbij is, dan laat ik haar ook verdwijnen.' Juf Brakel straalt bij de gedachte.

Ze stopt het kompas in haar zak en loopt naar de schuur, pakt haar fiets en rijdt naar het park. Als ze langs Thijs' huis fietst trapt ze op de rem. Ziet ze dat nou goed? Ze tuurt de tuin in. 'Daar loopt dat monster,' gniffelt ze. De kinderen ziet ze niet. Dat komt goed uit, héél goed zelfs. Die stinkhond loopt helemaal alleen door de tuin.

Lotte, Thijs en Lucas zitten op Thijs' kamer.

'Ik vind het een heel goed idee van Lotte,' zegt Thijs.

‘We gaan Milou een tijdje bespioneren. Wie weet wat we ontdekken.’

Lucas weet niet of hij dat wel wil. Eigenlijk vindt hij Milou veel te leuk om haar te bespioneren. Als ze erachter komt wordt ze vast heel boos op hem en dat zou hij heel stom vinden.

‘Vind jij het ook een goed plan?’ vraagt Lotte.

Lucas haalt zijn schouders op. ‘Ik weet niet of ik dat wel wil.’ Hij voelt dat hij rood wordt.

‘Waarom dan niet?’ vraagt Thijs.

‘Hoe zou jij het vinden als je ergens net in de klas zit en ze gaan je bespioneren?’

‘Dat merkt ze toch niet,’ zegt Lotte. ‘Als het goed is komt ze er nooit achter. En we doen toch niks gemeens.’

‘Nee, dat is wel zo,’ zegt Lucas. ‘Maar toch weet ik niet of ik hieraan mee wil doen.’

Ze zijn zo druk aan het praten dat ze geen idee hebben dat juf Brakel voor het hek van Thijs’ huis staat. Ze gluurt de tuin rond.

‘Kom dan, lief hondje,’ zegt ze als ze zeker weet dat er niemand buiten is en ze haalt een stuk worst uit haar zak.

Max kijkt op, hij steekt zijn neus in de lucht, en spuit naar het hek.

‘Kom maar gauw!’ zegt juf Brakel. Ze houdt de worst voor hem en houdt het hek een stukje voor hem open. Max duwt zich grommend door de opening heen.

Juf Brakel ziet het kwijl uit zijn bek vliegen en stapt snel op haar fiets en rijdt hard weg. Max rent er even hard achteraan.

‘Hoepel op, vies beest!’ roept ze. ‘Ik tover je weg.’ Ze remt, houdt het kompas op de hond gericht en zegt een toverspreuk. Maar Max rent naar haar toe en bijt zich in haar jurk vast. 'Laat los!' roept juf Brakel halverwege de toverspreuk. 'Rothond, laat mijn jurk los.' Maar Max lijkt niet van plan los te laten. Met al zijn kracht rukt hij aan de jurk. Juf Brakel trekt en trekt. Tot de jurk scheurt.

Dan springt ze snel op haar fiets en sjeest weg. Ze rijdt zo hard als ze kan. Max rent met het stuk jurk in zijn bek achter haar aan.

'Donder op, vlooienpakhuis!' brult juf Brakel bang. Dan ziet ze een bankje onder een appelboom. Ze smijt haar fiets neer en gaat op het bankje staan, rukt een appel van een tak en bekogelt Max ermee. De ene appel na de andere gooit ze naar hem. 'Ik laat je verdwijnen, schurftbeest.' Ze houdt het kompas weer boven zijn kop en zegt een spreuk. Maar hoeveel spreuken ze ook probeert, Max blijft tegen het bankje op springen.

'Hoepel op, smerig beest!' roept ze. Ze rukt een hele tak van de boom en slaat ermee op zijn kop. Max springt hoog op en grijpt de andere kant van de tak. Hij trekt eraan. Juf

Brakel laat de tak los. Ze wankelt, maar kan zich nog net aan de boom vastgrijpen.

Eindelijk hebben Lotte en Thijs Lucas overgehaald: ze gaan Milou een tijdje bespioneren.

'Morgen beginnen we,' zegt Thijs. 'Na school gaan we achter haar aan.'

'Oké,' zegt Lotte. 'Maar nu moet ik naar huis.'

'Ik ook,' zegt Lucas.

'Waar is Max eigenlijk?' zegt Lotte als ze buiten staan. 'Max!' roept ze. Het duurt even maar dan komt Max aangerend door het openstaande hek.

'Waar kom jij nou vandaan?' zegt Lotte. 'En wat heb je in je bek?'

Max kwispelt.

'Los!' Ze houdt haar hand op.

'Waar heeft hij die rare lap nou gevonden?' zegt Thijs.

Lotte bekijkt de stof. Aan de ene kant is hij bruin met gele bloemen erop en aan de andere kant groen met blauwe bloemen. 'Het is een stuk van een kledingstuk lijkt het wel,' zegt ze. 'Max, wat heb je gedaan?'

Max kwispelt alleen maar.

Lucas en Thijs bekijken de stof ook. 'Ik zou dat stuk stof maar snel wegdoen,' zegt Lucas. 'Niemand mag weten dat Max dat heeft gedaan.'

'Gek is dat,' zegt Lotte. 'Max is nooit agressief. Ik snap er niks van.'

Thijs' moeder komt aangefietst.

'Doe snel weg,' zegt Thijs. 'Mijn moeder mag het niet zien.'

'Ik neem het wel mee naar het lab,' zegt Lucas. 'Daar komt niemand.' Hij stopt het lapje in zijn zak.

Zodra juf Brakel thuiskomt trekt ze de jurk uit en kijkt naar het gat. 'Dat rotbeest,' moppert ze. 'Er is een heel stuk uit mijn mooie jurk.' Toch is ze niet van plan haar geluksjurk weg te gooien. Ze piekert er niet over. Ze zet er wel een lapje op.

Met een vies gezicht kijkt ze naar het kwijl van de hond dat op de jurk zit geplakt. Ze besluit de jurk te wassen. Maar ze wil hem niet in de tobbe doen waarin ze altijd haar kleren wast. Dan moet ze zeker haar hele wastobbe ontsmetten en dan nog wemelt het van de bacteriën. En ze kan de jurk ook al niet buiten hangen om te drogen. Niemand mag de jurk zien. In deze jurk heeft ze het kompas gestolen. Ze kan hem wel met de bruine kant met gele bloemen buiten hangen, maar is dat wel veilig? Stel je voor dat de wind eronder blaast en de gifgroene kant met blauwe bloemen zichtbaar wordt...

Ineens heeft ze een idee. Ze gaat hem wassen in de wasmachine van Alie. Dat die vies wordt kan haar niet schelen. En dan hangt ze hem daar buiten aan de lijn. Dan kan haar niks gebeuren. Bij het huis van Alie in het bos komt niemand.

Met plastic handschoenen stopt ze de jurk in een plastic tas. Voordat ze de tas in haar fietstas stopt spuit ze de spuitbus insecticiden erover leeg.

10

Milou heeft vanochtend vroeg met Fleur gefacetimed. Als ze uit school komt lukt dat niet meer, want in Singapore is het zeven uur later en dan slaapt Fleur al. Het was heel fijn om haar vriendin weer even te spreken. Ze heeft over de kasteelmuur verteld. Fleur denkt ook dat het een grapje was, net als haar moeder. Milou weet het niet. Ze kan niet wachten om naar school te gaan. Ze wil weten of haar moeder en Fleur gelijk hebben. Of juf Brakel een grap met hen heeft uitgehaald en er nu een poort in de muur zit. Als dat zo is, is het niet waar wat Lucas zegt. Dan is juf Brakel niet gemeen, maar dan kunnen de kinderen uit deze klas gewoon niet tegen een grapje.

Maar wanneer ze eindelijk het schoolplein op komt, is er niets veranderd aan de muur. Nergens ziet ze een poort. Ze ziet alleen boze leerlingen die naar hun speelparadijs willen.

Daan begint meteen te roepen als juf Evi de deur van de klas sluit. 'Ik had een heel toffe droom, juf. Bram en ik pikten het niet dat ons speelparadijs is afgesloten. We hebben die muur met z'n tweetjes kapot geramd.'

De kinderen uit groep zeven beginnen te joelen.

'En wat zei Braaksel? Explodeerde ze niet toen ze het zag?' vraagt Sanne.

'Dat weet ik niet,' zegt Daan. 'Toen ze naar buiten kwam werd ik gelukkig wakker.'

'Kunnen we niet met z'n allen de muur kapotslaan, juf?' vraagt Bram.

'Ja!' Iedereen vindt het een stoer idee.

'Dat kan niet,' zegt juf Evi. 'De enige die hem af kan breken of er opdracht voor mag geven, is juf Brakel.'

'Maar dat doet ze dus niet. Het is toch gemeen. Wij hebben het speelparadijs van Dylan Haegens gekregen. We gaan hem bellen en vertellen wat ze heeft gedaan,' zegt Daan boos.

'Yes!' roept Bram. 'Mogen we nu meteen bellen, juf, of een mailtje sturen?'

'Rustig allemaal,' zegt juf Evi. 'Ik ben ook niet blij met wat er is gebeurd. Ik beloof jullie dat ik erover nadenk.'

Tijdens hun taalopdracht kijken Lotte en Thijs steeds naar juf Evi. Ze zien dat ze nadenkt. Ineens staat ze op en loopt ze door de klas heen en weer. Dat doet ze alleen als ze een plan heeft. Nadat ze de taalschriften heeft opgehaald, kijkt ze de klas in.

'Ik heb over jullie voorstel nagedacht, maar ik vind dat we op dit moment niets moeten ondernemen. Misschien krijgt juf Brakel wel spijt en geeft ze opdracht de muur weg te halen.'

'Over honderd jaar zeker,' zegt Daan.

'Ik denk ook niet dat Braaksel uit zichzelf spijt krijgt,' zegt Lucas. 'Hoelang moeten we dan wachten?'

'Deze ochtend,' zegt juf Evi.

Lotte, Thijs en Lucas denken het alle drie: juf Evi is iets van plan. Ze zien haar telkens naar haar ring kijken. En zij weten dat de magische ring van juf Evi dingen onzichtbaar kan maken.

'Ik moet nog even iets uit m'n auto halen,' zegt juf Evi een tijdje voordat de bel gaat. 'Jullie nemen allemaal je leesboek voor je. Ik wil jullie niet horen.'

Nu weten de drie het zeker. Juf Evi gaat helemaal niks uit haar auto halen. Als ze weer de klas in komt heeft ze een glimlach op haar gezicht.

Zodra de bel gaat rent groep zeven naar buiten.

'Wat?' roept Daan. 'De muur is weg.'

Iedereen blijft verstomd op het schoolplein staan. 'We kunnen weer naar het speelparadijs!' roept iemand. Ze willen ernaartoe rennen als juf Brakel een gil geeft.

'Blijf allemaal waar je bent. Wat is hier gebeurd? Wie heeft die muur weggehaald? Hoe kan dit? Net stond hij hier nog.' Ze loopt paars aan.

'We kunnen weer in ons speelparadijs!' roept Bram.

'Staan blijven!' buldert juf Brakel. 'Niemand gaat naar dat misselijke, afschuwelijke speelparadijs. Van Dongen! Haal een moker en een bijl voor mij.'

Niemand durft zich te verroeren. Ze kijken allemaal naar juf Brakel die zo ongeveer het schuim op haar mond heeft staan. Briesend rukt ze de moker en de bijl uit Van Dongens handen. Met vuur in haar ogen stuift ze op het speelparadijs af.

'Nee!' roept iedereen. 'Het mag niet kapot.' Angstig kijken ze naar juf Brakel. Alleen Lotte, Thijs en Lucas hebben een vermoeden van wat er nu gaat gebeuren.

En ja hoor, juf Brakel klapt keihard met haar hele lichaam tegen de muur die juf Evi met haar ring onzichtbaar heeft gemaakt. Ze horen het gekraak van de muur, maar nog harder kermt juf Brakel die door de klap achterover is geknald. 'Waar is mijn arme lijf tegenaan gerend? Wie doet mij dit aan? De liefste juf van de provincie!'

Meneer van Dongen komt naar haar toe gerend. 'Ik zal u overeind helpen en ik breng u naar uw kamer.'

'Schiet op, man!' roept ze.

Hij hijst haar omhoog.

'Breng me naar mijn kamer!' schreeuwt ze. 'Ik heb rust nodig!'

Als ze binnen is, horen ze haar nog schreeuwen. 'Sukkel, laat me niet vallen, want ik wurg je.'

'Zou juf Evi de muur nu weer zichtbaar maken?' fluistert Lotte onder de les.

'Dat zou niet handig zijn,' fluistert Thijs. 'Dan gaat toch iedereen aan juf vragen hoe het kan dat de muur er ineens weer staat? En wat moet ze dan zeggen? Ze wil haar geheim toch niet verraden?'

'Je hebt gelijk,' zegt Lotte. 'Wie weet komen ze er dan wel achter.'

'Ik denk dat ze het pas doet als iedereen naar huis is,' zegt Thijs zachtjes. 'Wedden dat hij morgen weer zichtbaar is?'

Lotte weet het niet zeker. Ze kijkt de hele tijd naar jufs vinger. Maar die wrijft niet over haar ring.

11

Thijs heeft gelijk gehad. Als ze de volgende dag het schoolplein op komen staat de muur er weer. Behalve het gat dat juf Brakel erin heeft gemaakt door ertegenaan te lopen is hij nog precies hetzelfde. Iedereen is blij. 'Braaksel heeft de muur weer op laten bouwen!' roept Bram. 'Maar nu met een gat erin.'

Nu kunnen ze weer in het speelparadijs en ze zijn dolblij. Ze zoeven van de glijbaan.

Terwijl Lotte en Thijs voor de rij van de reuzenglijbaan staan te wachten komt de conciërge aan gehold. 'Nee, jongens! Jullie mogen nog niet in het speelparadijs. Het gat in de muur is gevaarlijk. Ik maak er straks een prachtige poort in voor jullie.'

'Yes!' roepen ze.

Lotte kijkt naar Milou die stiekem op haar mobiel kijkt. Lucas heeft gelijk. Ze ziet er gestrest uit. Ze stoot Thijs aan. Die ziet het nu ook.

'Na school gaan we haar achtervolgen,' zegt Lotte.

'Ik vind het best spannend,' zegt Thijs.

Ze zwaaien naar Lucas die aan komt lopen.

'Weet je nog wat we vanmiddag gaan doen?' vraagt Lotte.

'Luister,' zegt Lucas. 'Ik heb er nog eens goed over nagedacht. Milou achtervolgen kan altijd nog. Het belangrijkste is dat we dat oude vrouwtje vinden en daarvoor moeten we naar het museum. We moeten vragen of we die videobeelden mogen zien, dan weten we écht hoe ze eruitziet. En misschien ontdekken we nog wel meer in het museum. Sporen bijvoorbeeld.'

'Denk je echt dat het zin heeft?' vraagt Lotte.

'Ik weet het zeker,' zegt Lucas. 'Twee jaar geleden is er in het museum waar mijn vader werkte een bot gestolen van een dino. Toen hebben ze meteen de deuren gesloten. Niemand mocht er meer in of uit. De politie keek naar de bewakingsbeelden en toen hebben ze de dader gepakt.'

'Ik wil wel naar het museum,' zegt Thijs. 'Dat lijkt me spannend. Wie weet wat we vinden.'

'Ik ook wel,' zegt Lotte. 'Het is een goed plan, maar hoe komen we in het museum? Onder de twaalf mag je alleen onder begeleiding van een volwassene naar binnen.'

'Daar heb ik al een oplossing voor,' zegt Lucas. Hij is zo blij dat ze aan zijn plan mee willen doen. Wie weet hoeven ze dan niet achter Milou aan. Thuis had hij spijt dat hij zich had laten overhalen. Hij blijft het onaardig vinden. Hij kijkt naar Milou die aan komt lopen. Ze zwaait naar hem. Lucas steekt zijn hand op, hij voelt dat hij bloost en slaat gauw zijn ogen neer.

Met z'n drieën staan ze die middag voor het museum.

'Yes!' zegt Lucas als er een echtpaar aan komt lopen richting het museum. Hij stapt op hen af. 'Mag ik u iets vragen?'

'Vraag maar, jongen,' zegt de man. 'Als je maar niet om geld vraagt, want dat krijg je niet.'

'Nee hoor, meneer. We willen heel graag het museum in, maar dat mag niet zonder begeleiding. Mogen we misschien met u mee? Het kost u niks want kinderen zijn gratis.'

'Nee,' zegt de man en ook de vrouw schudt haar hoofd. 'Nee, jongen, die verantwoordelijkheid neem ik niet op me. Vraag maar aan je ouders of ze meegaan.'

'Jammer,' zegt Lotte als de mensen naar binnen zijn gegaan.

'Kijk, er komt nog iemand aan,' zegt Thijs. 'Die vrouw lijkt me heel aardig.'

Nu is het Lottes beurt. Ze stapt op de vrouw af. 'Mogen wij misschien met u mee naar binnen?'

'Het spijt me,' zegt de vrouw, 'maar daar begin ik niet aan.' Ze loopt door.

Telkens als ze iemand vragen weigert diegene. Lotte en Thijs willen bijna de moed opgeven.

'We proberen het nog drie keer, allemaal één keer,' zegt Lucas en hij stapt op een wat oudere man af. 'Meneer, mogen wij misschien met u mee naar binnen?'

De man kijkt hen aan. 'Kinderen toch, wat bijzonder dat jullie zo graag een museum in willen. Zijn jullie zo geïnteresseerd in geschiedenis?'

'Het is onze hobby,' zeggen ze.

'Kom maar gauw mee.' De drie lopen blij met hem mee naar binnen. Hij laat bij de kassa zijn museumkaart zien. 'En drie tickets voor mijn kleinkinderen,' zegt hij en hij geeft hun een knipoog.

'Weten jullie dat er hier een paar dagen geleden iets heel ergs is gebeurd?' zegt de man als ze klaar zijn bij de kassa.

'Er is een heel waardevol kompas gestolen,' zegt Lucas.

'Inderdaad,' zegt de man. 'Als je deze zaal helemaal uit loopt en je gaat de zaal rechts in, dan kun je precies zien waar het kompas lag. Veel plezier.'

'Dank u wel,' zeggen ze en ze gaan de zaal in.

'Daar is het!' zegt Lucas. 'De vitrine bij die rood-witte linten.'

Ze kijken door het glas.

'Weet je wat gek is,' zegt Thijs, 'de andere dingen die erin liggen heeft die vrouw niet meegenomen. Moet je zien: die tinnen pot en dat oude zwaard zijn waarschijnlijk ook heel veel waard.'

'Achter het lint blijven,' zegt de suppoost als Lucas over het lint heen hangt.

'Hier lag altijd een kompas, toch?' vraagt Lucas. 'We

weten dat het gestolen is. We willen heel graag de bewakingsbeelden zien, dan weten we hoe dat oude vrouwtje eruitziet en kunnen we de politie helpen.'

'Die bewakingsbeelden worden niet vrijgegeven,' zegt de suppoost. 'Die zijn bij de recherche.'

'Hebt u die beelden wel gezien?'

'Jongen, ik heb die dief in levenden lijve gezien.'

'Dus u weet hoe dat oude dametje eruitzag.'

'De politie denkt niet dat het een oude dame was, maar dat de dief zich had verkleed als oude dame. Ze kwam hier strompelend binnen, steunend op een man die met mij begon te praten. Hij moest mij duidelijk afleiden. Terwijl ik hem het een en ander over het kompas vertelde, is zij ermee vandoor gegaan. Ik zag haar nog net de zaal uit rennen. Dat kan een oud dametje niet.'

'Weten ze al iets meer van haar?' vraagt Lucas. 'Hebben ze tips gekregen?'

'Helaas niet, maar gelukkig hebben ze de handlanger wel te pakken gekregen. Steken jullie je neus maar niet in politiezaken. De rechercheur die op deze zaak zit heeft jullie hulp echt niet nodig.'

'Dus het was helemaal geen oud vrouwtje,' zegt Thijs wanneer ze buiten staan.

'Goed dat we zijn gegaan,' zegt Lotte. 'Toch, Lucas?'

'Wacht eens,' zegt Thijs. 'Jij zei toch dat Milou ook op zoek is naar een oud dametje? Daar kan ze nu dus wel mee ophouden, want het is geen oud dametje.'

'Waarom wilde ze die oude vrouw eigenlijk vinden?' vraagt Lotte.

'Dat zei ze niet,' zegt Lucas. 'En ik heb het haar niet gevraagd. Maar eigenlijk wil ik nu wel weten waarom ze haar zoekt.'

'Laten we bij haar langsgaan,' zegt Lotte.

Dat vinden Thijs en Lucas ook een goed idee en ze rijden naar Milous straat.

Als ze in de goede straat zijn, zetten ze hun fietsen neer en lopen ze langs de huizen en kijken op de naambordjes tot ze het huis van Milou hebben gevonden. Lotte drukt op de bel. Milou doet open. Ze kijkt verbaasd op.

'Hoi Milou,' zegt Lotte. 'We zijn hier omdat we nieuws voor je hebben.'

Milous moeder steekt haar hoofd om de kamerdeur.

'Dit zijn Lotte, Thijs en Lucas,' zegt Milou, 'ze zitten bij mij in de klas.'

'Wat leuk dat je nu al vrienden hebt gemaakt,' zegt haar moeder. 'Neem ze maar mee naar boven, Milou.'

'Je zocht toch de oude dame die het kompas uit het museum heeft gestolen,' zegt Lucas zodra ze op haar kamer zijn.

'Klopt,' zegt Milou.

'Het was dus helemaal geen oude dame,' zegt Lucas. 'Wij zijn naar het museum geweest. Een suppoost heeft ons verteld dat het helemaal geen oude dame was. Ze rende het museum uit, dus ze was waarschijnlijk als een oud vrouwtje verkleed.'

'Jeetje,' zegt Milou. 'Lief dat jullie dat komen zeggen.'

'Maar hoe wist jij nou dat ze een wandelstok had en kromliep,' vraagt Lucas.

Help! denkt Milou. Wat moet ze nou zeggen? Ze mogen niet weten dat ze door haar verrekijker de foto zag die de politie haar vader voorhield.

'Dat dacht ik gewoon,' zegt ze met een rood hoofd.

'Een van de twee is opgepakt,' zegt Lotte. 'Gelukkig maar, want die weet waarschijnlijk hoe het zit. Helaas doet die zijn mond niet open.'

'Misschien weet hij er wel niks van,' zegt Milou. 'Hij kon toch niet weten dat het geen oud vrouwtje was. Omdat hij zo lief is geweest om dat vrouwtje te helpen, zit hij nu vast.'

'Dat geloof je toch niet?' zegt Lotte. 'Dat zegt hij maar. Het is gewoon een crimineel.'

'Dat is hij niet!' Het komt er feller uit dan Milou wil. 'Het is een heel lieve man. Het is hartstikke zielig, hoor. Die man zit daar maar helemaal alleen in een cel, terwijl hij niets heeft gedaan.' In haar ogen staan tranen. Even blijft het stil en dan zegt ze: 'Jullie zeggen alleen maar gemene dingen.'

'Zullen we maar weggaan?' zegt Lucas.

Als Milou knikt staan ze op en gaan ze de trap af. Milou

blijft verdrietig op haar kamer achter. Was Fleur er nog maar. Met Fleur kan ze er wel over praten. Fleur vindt het ook heel erg voor haar. Maar ze woont nu zo ver weg… Ineens voelt ze hoe erg ze haar vriendin mist.

‘Wat is er?’ vraagt haar moeder als Milou met rood behuilde ogen de kamer in komt.

‘Ze zeggen dat papa een crimineel is…’ Dan moet ze weer huilen.

‘Ach meissie, kom eens bij me zitten. Dat is heel naar. Maar er is ook een goed bericht. Morgen mogen we papa bezoeken.’

Lucas, Lotte en Thijs rijden naar huis. Ze weten niet wat ze ervan moeten denken.

‘Ze huilde bijna,’ zegt Thijs. ‘Zagen jullie dat ook?’

Lucas en Lotte knikken.

‘Ze weet er vast meer van,’ zegt Lotte. ‘We moeten weten wat ze achterhoudt.’

‘Dan moeten we haar dus toch bespieden.’ Thijs kijkt naar Lucas.

‘Mee eens?’

‘Ja,’ zegt Lucas. ‘Mee eens.’

12

Juf Brakel zit aan de keukentafel van haar huis met het kompas in haar hand. 'Heb ik daar al die moeite voor gedaan,' mompelt ze. 'Ik heb nu toch alles geprobeerd, maar wat ik ook doe, er gebeurt niks.'

Ze blijft naar het kompas staren. 'Maar ik geef niet op. Dan kennen ze mij nog niet. Ik heb er alles voor over om die drie rotkinderen te laten verdwijnen. Ik moet erachter komen hoe jij werkt, stom ding.'

Ze loopt door het huis heen en weer en ineens verschijnt er een glimlach op haar gezicht. Dat ze daar niet eerder aan heeft gedacht. Ze moet te weten komen wie die uitvinder is die het kompas aan het museum heeft geschonken. Als ze dat eenmaal weet, brengt ze hem een bezoekje en dan zal ze er heel snel achter zijn hoe dat ding werkt. Daar heeft ze wel haar maniertjes voor. Ze gniffelt.

Ze gaat naar de kelder en maakt een grote houten kist

open. 'Kijk eens hoe mooi!' Ze houdt een lange zwarte rok omhoog. Die heeft ze een tijd niet aangehad. Daarna vist ze een spierwitte blouse uit de kist en houdt die boven de rok. Perfect! Ze trekt de rok en de blouse aan. Dan graait ze nog eens in de kist. Ze houdt een zwarte pruik met een korte pony en een lange paardenstaart in haar hand. Ze loopt naar de spiegel in haar slaapkamer en zet hem op haar hoofd. Uit haar kast haalt ze een heel grote zwarte bril. Ze zet hem op haar neus. Als ze dan ook nog zwarte hoge hakken aan heeft gedaan, kijkt ze tevreden in de spiegel. Niemand die haar zo zal herkennen. Ze probeert op de hakken te lopen. 'Wat knellen die krengen,' moppert ze. Ze verliest bijna haar evenwicht. Vroeger kon ze het heel goed. Dan moet het nu ook lukken. Haar voeten doen pijn, maar ze zet door. En na een kwartier door het huis heen en weer te hebben gelopen, slaagt ze erin stabiel te blijven.

Ze gaat achter haar bureau zitten, concentreert zich en dan toetst ze het nummer van het Stadsmuseum in.

'Stadsmuseum, met Angela,' klinkt het aan de andere kant van de lijn.

'Goedemiddag, Angela. Je spreekt met mevrouw Vulpen van *Ons Dagblad*. Ik ben op zoek naar de directeur van het museum.'

'Ik verbind u door, mevrouw Vulpen. Een ogenblikje graag.'

'Schiet op, lellebel,' fluistert juf Brakel voor zich uit.

'Met Irma Jonkers,' hoort ze na een tijdje.

'Mevrouw Jonkers, u spreekt met Irene Vulpen, journalist van *Ons Dagblad*. Ik kan me zo voorstellen dat u na de beroving van het waardevolle kompas door een diep dal bent gegaan.'

'Dat is zeker zo, mevrouw Vulpen. Zo'n beroving heeft zijn weerslag op het museum en daardoor ook op alle medewerkers en mij als directeur in het bijzonder.'

'Ik begrijp het, mevrouw. Bezoekers laten het waarschijnlijk ook even afweten? Maar mede door een geweldig initiatief van *Ons Dagblad*, komt het goed. Wij gaan het museum in het zonnetje zetten.'

'Dat zou heel fijn zijn,' zegt de directeur van het museum enthousiast. 'En hoe gaat dat eruitzien?'

'Ik heb opdracht gekregen een groot interview met u te houden. Een interview dat op de voorpagina zal worden geplaatst. Het zal inhoudelijk over het museum gaan. Natuurlijk ook over de diefstal. Onze lezers zijn zeer geïnteresseerd in dit soort gebeurtenissen. Zeker met zo'n waardevol kompas.'

'Dat is geweldig,' klinkt het blij.

'Misschien kunnen we er zelfs een zoektocht naar het kompas aan verbinden. Ik stel me zo voor dat lezers op zoek kunnen gaan naar het kompas. En dat we dan voor degenen die de politie een goede tip kunnen geven, een beloning uitloven.'

'U maakt me helemaal verlegen,' zegt Irma Jonkers. 'Ik vind dit zo'n eer. En wat fantastisch dat uw krant zo met ons meeleeft.'

'Mijn vraag is of u deze middag nog tijd kunt maken om mij te ontvangen. We willen het zo snel mogelijk plaatsen, ziet u.'

Even blijft het stil. 'Ik heb eigenlijk een afspraak staan, maar het belang van het museum gaat voor. Ik zou u graag vanmiddag ontvangen.'

Nadat ze een afspraak hebben gemaakt, legt juf Brakel grinnikend de telefoon weg.

Haha, een zoektocht voor de lezers om het kompas te vinden… en daar trapt die stomme troela nog in ook! Dan kunnen ze lang zoeken. Het kompas zit veilig in de buik van de rat.

Ze loopt naar de dichtstbijzijnde taxistandplaats, want ze piekert er niet over om haar auto voor het museum te parkeren. En haar fiets wordt misschien ook herkend. Te voet was het beste geweest, maar met die vreselijke hakken redt ze dat zeker niet. Een taxi is de beste optie.

Met een allervriendelijkste lach op haar gezicht, gaat juf Brakel het museum in. Irma Jonkers staat haar al op te wachten. 'Welkom mevrouw Vulpen,' zegt ze, 'nogmaals wil ik u vertellen hoe blij ik ben met dit initiatief. Ik heb meteen het bestuur gebeld en ook zij zijn zeer verheugd.'

'Dat begrijp ik,' zegt juf Brakel. 'Het is een enorme kans voor het museum.'

'Voordat we beginnen,' zegt de directeur, 'wil ik u meenemen voor een rondleiding door het museum.'

Getverderrie, denkt juf Brakel. Dan moet ze helemaal door dat stomme museum lopen op die rothakken. 'Daar verheug ik me op,' zegt ze met haar vriendelijkste stem.

De directeur gaat haar voor naar de eerste zaal. 'Op de harnassen die u hier ziet zijn we supertrots.'

Boeiend hoor, die ouwe troep, denkt juf Brakel, maar ze knikt zeer geïnteresseerd.

'En dan hebben we hier de kruiken.'

Nou en? denkt juf Brakel. Dat ze achter de directeur door het museum aan moet hobbelen vindt ze al verschrikkelijk, maar het ergste is nog dat de directeur bij elk prul een ellenlang verhaal afsteekt. Nu moet ze weer naar een stelletje oude gebarsten kruiken kijken. Schiet nou

Bijzonder
kompas
in ons
museum

maar op met je gezwam, mens. Het is dat ze zo'n pijn in haar voeten heeft, anders zou ze in slaap vallen. Nu staan ze weer stil bij een aantal oude stinkende kostuums. De muffe geur slaat op haar keel.

'Als u een vraag hebt, mag u die gerust stellen,' zegt de directeur.

Ook dat nog, denkt juf Brakel. Ze heeft maar één vraag: kunnen we nu eindelijk beginnen met het interview? Maar ze houdt zich keurig in.

De rondleiding duurt veel langer dan juf Brakel had gedacht. Telkens hoopt ze dat het klaar is, maar dan gaan ze weer een andere zaal in.

Eindelijk is het zover en neemt Irma haar mee naar haar kamer.

'Kan ik iets te drinken voor u inschenken?' vraagt ze.

Laten we nou maar eindelijk beginnen, denkt juf Brakel. Maar ze zegt: 'Graag. Ik ben zeer onder de indruk van dit prachtige museum. Laten we hopen dat het kompas snel terugkomt.'

De directeur zet een kopje thee voor haar neer. 'Dat hoop ik ook,' zegt ze.

'Laten we bij het begin beginnen,' zegt juf Brakel, die haar notitieboekje erbij pakt en begint te schrijven. 'De lezers willen natuurlijk weten hoe het Stadsmuseum aan het waardevolle kompas is gekomen.'

'Dat begrijp ik,' zegt Irma. 'We hebben het nu ongeveer anderhalf jaar in de collectie en we waren er zo trots op.'

'Hebt u het ergens gekocht?' vraagt juf Brakel.

'Nee, dit waardevolle kompas is ons geschonken.'

'Wat interessant,' zegt juf Brakel en ze gaat op het puntje van haar stoel zitten. 'Wat zal die gulle gever het erg vinden dat het nu is gestolen.'

'Hij zou het afschuwelijk hebben gevonden, maar gelukkig hoeft hij dit niet mee te maken.'

'En waarom niet?' vraagt juf Brakel.

'Degene die ons dit heeft geschonken is helaas overleden.'

'Wat zegt u?' roept juf Brakel uit. 'Is die dood?'

De directeur kijkt haar geschrokken aan. 'Inderdaad, hij is overleden. Dus is dit leed hem bespaard gebleven.'

'Wat nou!' Juf Brakel springt op. 'En daar kom je nu mee aan. Had dat meteen gezegd, mens. Ben ik daarvoor de halve middag in dit stomme museum van je geweest met al die ouwe troep.'

'Mevrouw Vulpen?!' Geschrokken kijkt de directeur juf Brakel aan.

'Heb ik iets verkeerds gezegd?'

'Mens, hou toch op. Je hebt me een uur verveeld met die zogenaamde rondleiding van je. Het is mooi geweest. Ik ga ervandoor!' Dan loopt ze woest naar de deur.

'Mevrouw Vulpen, u zou een artikel schrijven over het museum,' roept de directeur nog.

'Een artikel over een dooie pier daar zit niemand op te wachten,' schreeuwt juf Brakel en kokend van woede loopt ze het museum uit.

De directeur blijft in shock achter. Ze kan geen woord uitbrengen. Ik heb iets fout gedaan, denkt ze, ik moet mijn fout herstellen. Ze neemt een paar slokken water om te kalmeren. Als ze voelt dat ze wat rustiger is belt ze naar de redactie van *Ons Dagblad*.

'U spreekt met Irma Jonkers van het Stadsmuseum. U hebt een journalist naar mij toe gestuurd voor een artikel in de krant. Maar het is helemaal misgegaan. Ik...'

'Neemt u mij niet kwalijk, mevrouw Jonkers, maar wat zei u? Alweer een artikel in de krant over het museum? We hebben onlangs al aandacht besteed aan de vermissing van het kompas.'

'Dat klopt, maar mevrouw Vulpen was hier. Ze was eerst zeer begaan met het museum, maar ineens ging het mis.'

'Mevrouw Jonkers, wij hebben hier geen journalist die Vulpen heet. En mij is ook niets bekend over nog een artikel over het museum.'

'Maar dat kan niet, het zou op de voorpagina worden geplaatst!'

'Ik ben bang dat u het slachtoffer bent geworden van een oplichter.'

'Nee!' roept de directeur uit.

'Misschien probeerde ze iets te stelen,' zegt de redacteur van de krant. 'Mevrouw Jonkers, ik raad u aan de politie in te schakelen. En mocht er inderdaad weer iets zijn gestolen dan hoor ik het graag van u, want dan is onze krant zeker geïnteresseerd.'

Juf Brakel zit thuis met haar blote voeten in een emmer water. 'Hoe durft dat mens mij voor niks door het museum te laten strompelen!' roept ze woest. Ze kijkt naar haar voeten die helemaal zijn opgezwollen. Dat mens hoort niet op die functie. Ze moesten haar op staande voet ontslaan. Jammer genoeg kan ze geen klacht indienen, anders wist ze het wel. Ze zou de hoogste baas erbij halen, en dan vloog die Irma eruit.

Pas als ze weer is gekalmeerd denkt ze aan de uitvinder die blijkbaar is overleden. Het ergste is nog dat niemand haar nu kan vertellen hoe het kompas werkt. Maar ze heeft

niet al die moeite voor niets gedaan. Ze moet van die drie ellendige kinderen af. Ze heeft er alles voor over.

De hele avond loopt ze door haar huis heen en weer. Ze is doodmoe, maar ze geeft niet op. En dan begint ze ineens te stralen.

'Ik heb het... Dat misselijke joch,' zegt ze hardop. 'Die ziekmakende wijsneus gaat mij hierbij helpen.'

13

'Van Dongen!' roept juf Brakel voor schooltijd door de gang. 'Kom hier, en snel!'

'Mevrouw, ik sta boven op de trap een lamp in te draaien. Zodra ik klaar ben, kom ik bij u.'

'Niks ervan. Je komt nu meteen of je hoeft helemaal nooit meer hier te komen. Ik tel tot drie. Eén...'

De conciërge laat zich pijlsnel van de ladder naar beneden glijden.

'Net op tijd,' zegt ze als hij hijgend op 'drie' haar kamer binnen valt.

'Ik heb een opdracht voor je.'

'Goed, mevrouw.'

'Vanaf nu doe jij niets anders dan die wandelende etterbak in de gaten houden. Ik wil elk woord dat hij in de gangen of op het schoolplein zegt van je horen, begrepen?'

'Neemt u mij niet kwalijk, mevrouw, maar wie bedoelt u met "die wandelende etterbak"?'

'Sukkel! Er is hier op school maar één wandelende etterbak en dat is Lucas van Amerongen.'

'U hebt mij laatst verteld dat er nog twee leerlingen waren die u graag door de gehaktmolen zou draaien.'

‘Dat klopt. Dat misselijke joch Thijs en die achterbakse, gluiperige Lotte uit groep zeven.’

‘Het gaat dus alleen om die wandelende etterbak?’ vraagt Van Dongen. ‘Maar mevrouw, het is toch geen werk voor een conciërge om leerlingen af te luisteren.’

‘O nee? Waar is je contract?’ Ze rent naar het kamertje van de conciërge, trekt de deur van de kast open en maait met haar arm alle papieren op de grond. Plank voor plank tot ze tussen de papieren zijn contract vindt.

Eenmaal op haar kamer duwt ze het contract onder zijn neus. ‘Wat staat hier? Nou? Lees voor, flapdrol.’

‘De conciërge is verplicht de orders van de directie op te volgen,’ leest hij met gebroken stem.

‘Je ziet het: jij doet precies wat ik zeg, anders vlieg je eruit.’

‘Goed, mevrouw. Zoals u wilt.’

‘Na elke pauze, wil ik horen wat dat joch heeft gezegd. En hou niets voor me achter.’ Ze zwaait dreigend met haar vinger.

‘Nee, mevrouw,’ zegt Van Dongen.

‘Waar wacht je nog op. Naar buiten jij. Dat galgenbrok kan elk moment op het schoolplein verschijnen.’

‘Ik heb een raadsel,’ zegt Daan als ze met hun groepje op het schoolplein staan. ‘Ik heb vier armen, zes benen, drie hoofden en tien handen. Wat ben ik?’

Lotte denkt na. ‘Een buitenaards wezen.’

‘Fout!’ zegt Daan.

‘Een monster,’ zegt Thijs.

Sanne, Bram en Lucas raden ook.

‘Niemand heeft het goed,’ zegt Daan. ‘Zal ik het zeggen? Een leugenaar!’ Nu moeten ze allemaal lachen.

'Dat klopt!' roepen Anna en Zoë, die aan komen lopen. 'Jij bent zeker een leugenaar,' zegt Anna. 'Ik was gisteren naar voetbal kijken, mijn neefje speelde. En toen zeiden ze dat jij hebt gezegd dat ik verliefd op je ben.'

'Dat heeft hij helemaal niet gezegd,' zegt Bram. 'Hij heeft gezegd dat jullie de hele dag verliefd naar hem kijken en dat is waar.'

Anna trekt haar kwaadste gezicht. 'Sinds wanneer noem je dit verliefd?'

'O, wat ben je mooi zo!' kermt Daan. 'Ik zou je wel in mijn armen willen sluiten.'

'O ja, en zo dan?' Nu steekt Anna haar tong uit en kijkt er scheel bij.

'Wat eng!' roept Sanne.

'O, nu ben je nog mooier!' roept Daan.

'Helemaal mee eens,' slijmt Bram. 'Ik wil je wel zoenen.'

Ze rennen samen op Anna af.

'Help!' roept Anna als ze haar willen pakken.

Terwijl Daan en Bram haar een kus op haar wang proberen te geven, slaat Zoë met haar tas op hun kop.

Lotte, Thijs en Lucas lopen naar binnen. Ze letten niet op meneer Van Dongen die vlak achter hen loopt.

'We zouden vanmiddag toch Milou bespioneren?' zegt Lucas. 'Maar kan dat ook morgen?'

'Dan moeten we nog langer wachten,' zegt Lotte.

'Ik zit midden in een heel spannend onderzoek,' zegt Lucas. 'Ik heb het bijna afgerond en dan weet ik als het goed is hoe het kompas werkt. Als jullie vanmiddag om vijf uur naar het laboratorium komen, dan ben ik zover.'

Met z'n drietjes lopen ze de klas in. Achter hen blijft meneer Van Dongen staan.

'O, wacht even,' hoort hij Lucas zeggen. 'Jullie moeten omrijden. De weg naar het laboratorium ligt open en is afgezet.'

Van Dongen zit achter zijn computer. Hij vindt via Google drie laboratoria in de buurt.

Dat is 'm, denkt hij als hij leest dat bij een van de drie de weg is opengebroken. Hij klikt op de routebeschrijving, draait hem uit en stopt hem in een envelop.

Hij wil net zijn computer afsluiten als juf Brakel in de deuropening staat.

'Wat zit je hier? Je zou mij verslag uitbrengen.'

'Dat was ik ook van plan, mevrouw, maar ik moest even iets opzoeken op Google. De wandelende etterbak en zijn twee vrienden komen vanmiddag om vijf uur samen in een laboratorium. In deze envelop vindt u de naam van het lab en de weg ernaartoe.'

'Waar hadden ze het over?' vraagt juf Brakel.

'Dat weet ik niet precies, over een of ander kompas.'

'Wat zei hij over een kompas? Je weet toch wel wat hij zei?'

Van Dongen denkt na en dan weet hij het weer. 'Hij gaat ze bijpraten over een onderzoek, hij heeft uitgevonden hoe het kompas werkt. Het lijkt me niet echt interessant, mevrouw. Iedereen weet hoe een kompas werkt.'

'Niet interessant? Dit is fantastisch!' roept juf Brakel uit. 'Ik kan je niet vertellen hoe blij ik ben. Bravo! Je hebt goed werk geleverd. Ik ben trots op je, sukkel.' Ze tilt Van Dongen op en zwiert hem in het rond. Zo hard dat hij er draaierig van wordt.

'Stop! Stop!' roept hij, terwijl hij groen wordt. Net voordat Van Dongen moet spugen zet ze hem neer.

14

Om precies kwart voor vijf vertrekken Lotte en Thijs met Max naar het laboratorium.

'Daar heb je Milou,' zegt Lotte en ze wijst in de verte.

Nu ziet Thijs het ook. Ze fietst met haar moeder.

'Konden we maar achter hen aan gaan,' zegt Lotte.

'Dat zou ik ook wel willen,' zegt Thijs. 'Maar Lucas wacht op ons.'

Lotte zucht. 'Het is toch veel belangrijker dat we uitvinden wat Milou van het kompas weet? Wat hebben we eraan om te weten hoe het kompas werkt als we niet eens weten waar het is?'

'Dat vind ik eigenlijk ook,' zegt Thijs, 'maar Lucas heeft er nu al aan zitten werken. Morgen gaan we haar bespioneren. Dat ene dagje maakt nu ook niks meer uit.'

Bij het laboratorium kijken ze door het raampje naar binnen. Lucas zit met gefronste wenkbrauwen achter de computer.

Lotte steekt haar hoofd om de deur. 'Weet je al hoe het kompas werkt?'

Lucas kijkt geschrokken op. 'O, eh, is het al vijf uur? Sorry, ik heb het bijna, als jullie me tenminste niet storen.'

'We gaan wel even met Max het bos in,' zegt Lotte. Buiten kijkt ze Thijs aan. 'Laten we nog een keer naar het huis van Alie Cyaankali gaan. Dat was vorige keer echt spannend.'

'Maar dan rennen we niet weer weg,' zegt Thijs, 'want ik denk niet dat er echt iemand door de tuin liep. Dat kan bijna niet.'

'Misschien dachten we het alleen maar,' zegt Lotte.

Terwijl Lotte en Thijs met Max naar het huis van Alie Cyaankali lopen, staat Braaksel voor het laboratorium. Vreemd dat ze hier hebben afgesproken, denkt ze. Ze stapt naar binnen en loopt naar de receptie. Achter het glas ziet ze allemaal mensen rondlopen in witte jassen.

'De jongeheer van Amerongen, is die aanwezig?' vraagt ze aan de receptioniste.

'Pardon, mevrouw, wie zei u?'

'Lucas van Amerongen.'

'Die naam komt me niet bekend voor. Misschien heeft hij hier vroeger gewerkt. Als u wilt kijk ik even voor u in de computer.'

'Nee, mens,' snauwt juf Brakel. 'Dat kind is acht jaar. Hij heeft hier ergens in dit gebouw met zijn vrienden afgesproken.'

De vrouw kijkt haar verontwaardigd aan. 'U denkt toch niet dat we hier kinderen toelaten? En sorry, maar wat kwam u hier eigenlijk doen?'

'Stik erin, mens.' Juf Brakel draait zich om en loopt weg. Ze begint voor het laboratorium te ijsberen.

'Dit is belachelijk,' zegt ze hardop. Ze pakt haar mobiel en toetst het nummer van de conciërge in.

'Goedemiddag, mevrouw Brakel.'

'Laat die goedemiddag maar weg, sukkel. Waar heb je

me helemaal heen gestuurd? Dit is een laboratorium voor biomedisch onderzoek. Hoe ben je erbij gekomen dat ze op zo'n belachelijke plek hebben afgesproken?'

'De wandelende etterbak waarschuwde hen dat ze moesten omrijden omdat de straat was opengebroken. Toen heb ik op internet gekeken bij welk laboratorium een straat was opengebroken. Ik...'

'Zoiets stoms heb ik nog nooit gehoord,' brult ze door haar telefoon.

Ze praat zo luid, dat voorbijgangers omkijken. 'Ik kan ook niets aan jou overlaten. Dacht je nou echt dat dit de enige straat is waar aan de weg wordt gewerkt, flapdrol.' Ze drukt woedend het gesprek weg.

Ze kijkt naar haar mobiel. Nu was het wel handig geweest als ze een mobiel met internet had gehad. Het ouderwetse kreng dat zij gebruikt is al meer dan vijftien jaar oud. 'Ik moet ze vinden!' brult ze en ze geeft een trap tegen haar fiets.

'Gaat het wel, mevrouw?' vraagt een man die langsloopt.

'Man, donder op, waar bemoei je je mee?'

Er is maar één mogelijkheid om ze te vinden. Ze stapt op haar fiets en rijdt weg. Al moet ze de hele stad door rijden, het kan haar niet schelen. Ze zal dat laboratorium vinden. En dan weet ze eindelijk wat die wandelende etterbak die twee andere misselijke kinderen zo nodig moest vertellen.

Lotte en Thijs zien het huis van Alie Cyaankali in de verte alweer liggen. Ze lopen dapper door, maar eigenlijk zijn ze best bang. Max rent voor hen uit naar de tuin van Alie.

'Help!' zegt Lotte. Ze durft hem ook niet terug te roepen. Je weet maar nooit of er iemand in de tuin is.

Hun hart bonst in hun keel. Waarom blaft Max zo hard? Er klopt niks van. Het liefst renden ze terug net als de vorige keer, maar ze durven Max daar niet achter te laten. Wie weet wat er gebeurt... Stapje voor stapje lopen ze verder. Max blijft maar blaffen. Ze zijn bijna bij de tuin. Van de spanning knijpen ze in elkaars hand.

'Ik ga wel,' fluistert Lotte. 'Blijf jij maar hier.'

'Durf je dat wel?' vraagt Thijs.

Lotte knikt. Thijs is allang blij dat hij niet verder hoeft.

Lotte sluipt naar het hek. Ze verstopt zich achter de struiken. Mocht er iemand zijn, dan kan diegene haar niet zien. Ze telt tot drie en dan komt ze langzaam omhoog. Ze duikt meteen weer weg. Nu weet ze waar Max tegen blaft. Er staat een vrouw in de achtertuin. Wat doet die daar? Dan hebben ze het de vorige keer misschien toch goed gehoord. Misschien waren die voetstappen van die vrouw. Maar waarom blaft Max zo tegen haar? Heeft ze het wel goed gezien? Ze sluipt langs het hek en dan ziet ze dat het geen vrouw is. Buiten aan de waslijn hangt een jurk. Die jurk kent ze ergens van, maar waarvan? En waarom blijft Max maar blaffen?

Ze wenkt Thijs. 'Er hangt een jurk,' fluistert ze.

'Hoe kan dat nou?' zegt Thijs zachtjes. 'Alie zit in de gevangenis. Wie heeft die jurk daar opgehangen?'

'Ik denk dat ik die jurk ken,' zegt Lotte.

Thijs gaat voorzichtig omhoog en dan ziet hij de jurk, én het gat erin.

Ineens weet hij het. 'Weet je nog dat Max thuiskwam met een lapje in zijn bek? Dat was ook bruin met gele bloemen. Volgens mij komt dat uit die jurk. Hij heeft een stuk uit deze jurk gebeten.'

Nu kijkt Lotte nog een keer. 'Ik weet het niet zeker,'

zegt ze, ‘maar hij lijkt er wel op. Hoe komen we daar nou achter?’

Terwijl ze erover nadenken, herinnert Lotte zich ineens iets.

‘Dat lapje heeft Lucas meegenomen naar het laboratorium, weet je nog?’

‘Ja, dat is ook zo,’ zegt Thijs. ‘Laten we het halen, dan kunnen we zien of het dezelfde stof is.’

‘Ik hoop dat hij het nog heeft,’ zegt Lotte. Ze komt achter de struiken vandaan en gaat door het hek. Als ze niemand ziet pakt ze Max bij zijn halsband, lijnt hem aan en rent weg.

Hijgend komen ze bij het lab aan.
'Sorry, nog heel even,' zegt Lucas als ze binnen zijn.
'Waar heb je dat bruine lapje gelaten dat Max in zijn bek had?'
'Straks,' zegt Lucas. 'Nog heel even.'
Maar Lotte en Thijs willen het nu weten. Ze kijken het lab rond.
'Hebbes!' zegt Lotte en ze pakt het lapje van de plank.
'Volgens mij is het dezelfde stof,' zegt Thijs.
Ze nemen het mee en gaan naar buiten.
'Nee, jij blijft hier,' zegt Lotte als Max mee wil en ze doet gauw de deur dicht.
Ze rennen naar de tuin van Alie Cyaankali. Lotte blijft op de uitkijk staan en Thijs klimt over het hek. Hij rent de achtertuin in en houdt het lapje voor het gat van de jurk.
'Het past!' roept hij naar Lotte. Hij schrikt er zelf van en rent snel de tuin weer uit. Pas als ze een eindje van het huis vandaan zijn, blijven ze staan.
'Het paste precies in het gat,' zegt Thijs. 'En het patroon van die bloemen liep ook door toen ik het ervoor hield. En de achterkant is net als dat lapje gifgroen met blauwe bloemen.'
'Dus in die jurk zat iemand op wie Max kwaad was,' zegt Lotte.
'Het moet wel een jurk van Alie zijn,' zegt Thijs.
'Hoe kan dat nou?' zegt Lotte. 'Ze zit toch in de gevangenis?' Ze kijken elkaar aan. 'Of zou ze zijn ontsnapt...?'

Mopperend zit juf Brakel op de fiets. Ze is al heel wat opengebroken straten tegengekomen, maar nergens heeft ze een laboratorium kunnen ontdekken. Hoelang moet ze nog door die stomme stad rondrijden? Van Dongen heeft het vast niet goed gehoord. Afluisteren kan die sukkel dus ook al niet. Ze lijkt wel gek dat ze hem heeft geloofd. Een laboratorium bij een opengebroken weg, waar dan? Alleen het gebied bij het bos is nog over. Moet ze daar wel helemaal heen gaan? Ze kent die omgeving op haar duimpje. Alie Cyaankali woont daar. Wie weet is daar een weg opengebroken. Maar of daar nou een laboratorium staat? Daar heeft ze Alie in elk geval nog nooit over gehoord. Laat ik het maar doen, denkt ze, dan is er echt nergens meer een opengebroken weg in de stad die ik niet heb gehad. Bovendien kan ze dan meteen langs Alies huis en haar jurk van de waslijn halen en meenemen.

'Gefeliciteerd!' Lucas wacht hen al in de deuropening op. 'Ik ben er helemaal achter hoe je met het kompas iemand kunt laten verdwijnen.'

'Super,' zegt Lotte, 'maar wij hebben ook iets heel spannends ontdekt.'

Ze gaan het laboratorium in en met hun jas nog aan ploffen ze neer.

'Vertel op!' zegt Lucas.

'Alie Cyaankali is ontsnapt,' zegt Lotte. Ze vertellen over de jurk die in haar tuin aan de waslijn hangt en het lapje dat Max eruit heeft gebeten.

'Hoe kan dit?' zegt Lucas. 'Zou ze echt zijn ontsnapt?'

'Hoe komt die jurk anders in haar tuin?' zegt Lotte.

'Dat zou betekenen dat ze bij jou in de buurt was, Thijs. Misschien stond ze wel voor het hek, en blafte Max die keer daarom zo hard.'

'Gadver,' zegt Thijs. 'Wat moet dat enge mens bij mijn huis? Wat kwam ze doen?'

'Hier moeten we dus ook achteraan,' zegt Lucas. 'Maar

eerst ga ik jullie vertellen wat ik zelf heb ontdekt.'

Lucas begint te vertellen. Eerst vertelt hij uitgebreid waar in de computer hij de informatie heeft gevonden. En dat het een enorme zoektocht was. Hij laat hun zien waar het precies staat op de computer. Hij wordt weer zo enthousiast dat hij maar doorgaat met vertellen. Het is zo ingewikkeld dat Lotte en Thijs er al snel niets meer van begrijpen.

'Stop maar,' zegt Lotte. 'Voor ons is dit allemaal abracadabra. Vertel maar gewoon hoe het kompas werkt.'

'Oké,' zegt Lucas. Hij pakt een vel papier en legt het op de tafel.

1. Wie gaan we laten verdwijnen? schrijft hij op.

'Braaksel natuurlijk!' zeggen Lotte en Thijs in koor.

Lucas tekent juf Braaksel.

2. Het moet met de wijzer gebeuren.

‘Hoe kan dat nou?’ zegt Lotte. ‘De wijzer van een kompas geeft toch altijd het noorden aan?’

‘Juist,’ zegt Lucas, die al hoopte dat een van hen daarnaar zou vragen. ‘Daarom moeten we er eerst voor zorgen dat de wijzer loskomt.’

De wijzer van het kompas moet loskomen, schrijft hij op.

3. Hoe doe je dat? Je houdt het kompas op je hand, en je wacht net zo lang tot de wijzer begint te gloeien en rood wordt. Dan tekent hij een hand met het kompas erin. In de tweede tekening kleurt hij de wijzer van het kompas rood.

4. Zodra hij rood is, cirkel je met je platte hand boven het kompas. Drie keer naar links en drie keer naar rechts. En dan richt je het kompas op wie je wilt laten verdwijnen. Lucas tekent precies hoe het moet.

5. Draai dan nog een keer naar rechts en zeg: ploef!

Braaksel fietst met haar jurk in haar tas over het bospad. Heeft het wel zin dat ze doorfietst? Tussen die stomme bomen staat echt geen laboratorium. Maar er was hier wel een opengebroken weg. Bij een kruising slaat ze een smal pad in. Terwijl ze dwars door het bos fietst, vraagt ze zich af waar dat laboratorium dan moet staan. Ze komt steeds dieper in het bos. Dit heeft geen zin, denkt ze. Ze kan beter teruggaan. Ze kijkt om zich heen. Uit welk pad kwam ze nou? Ze weet het niet meer en ze kiest het breedste pad. Mopperend rijdt ze verder. Ze weet echt niet meer waar ze is. Als ze hier nog maar voor het donker wordt uitkomt.

Ze begint in paniek te raken als ze tussen de bomen door iets ziet. Is dat een schoorsteen? Als dat zo is dan moet daar een huisje staan. Ja hoor, nu ze dichterbij komt ziet ze het goed. Er staat een huisje. Nu maar hopen dat er iemand thuis is. Dan kan ze vragen hoe ze bij de weg komt.

Ah, er is zeker iemand, want er staan drie kleine fietsen voor het huisje.

Ze zet haar fiets tegen een boom en loopt ernaartoe. Als ze vlakbij is hoort ze een stem. Niet zomaar een stem. Een stem die haar haren recht overeind doet staan. Die haar bloed doet kolken en haar ogen vuur laat spugen. Het kan niet anders of die wandelende etterbak zit hier! Niet alleen die wandelende etterbak. Er staan nog twee fietsen dus die andere twee ellendige schepsels zijn er waarschijnlijk ook. Ze gaat gebukt onder het raam zitten. Ze heeft geluk dat het raam op een kier staat. Nu weet ze het zeker. Het is 'm.

'Dit is dus hun "laboratorium",' fluistert ze voor zich uit. 'Ik kan elk woord verstaan dat dat joch uitkraamt.' Ze houdt haar oor bij het open raam.

'Nee,' hoort ze Lucas zeggen. 'Je cirkelt met je platte hand boven het kompas, drie keer naar links en drie keer naar rechts. En dan richt je het op degene die je wilt laten verdwijnen, je cirkelt nog een keer naar rechts en zegt dan

"ploef"! Kijk zo.' Lucas tekent waarschijnlijk wat er moet gebeuren, maar helaas kan ze niet kijken zonder dat ze haar zouden opmerken.

Maar gelukkig heeft het joch het duidelijk uitgesproken. *Drie keer naar links en drie keer naar rechts en dan richten.*

Juf Brakel rent terug naar haar fiets. Gniffelend rijdt ze naar huis. Dit gaat ze nu meteen uitproberen. Eenmaal thuis gaat ze naar haar slaapkamer, pakt de rat waar het kompas in zit en stopt hem in haar tas. Eerder had ze natuurlijk al bedacht wie haar proefkonijn wordt. Van Dongen. Van die oliebol wil ze al heel lang af en nu is eindelijk het moment gekomen om zich te bevrijden van die sukkel die altijd alles in de soep laat lopen.

Met haar tas onder haar arm gaat juf Brakel de volgende dag de school in. Op haar kamer zet ze de rat neer en haalt het kompas eruit. De rat zet ze op de grond. Dan steekt ze haar hand in de prullenbak, en loopt met een handvol rommel naar de wc's. Daar smijt ze de troep op de grond.

'Van Dongen! Kom onmiddellijk hier! De wc ligt vol met rotzooi.'

De conciërge komt aangerend. Als hij de rommel op de grond ziet, slaat hij zijn handen voor zijn gezicht. 'O, mevrouw, wat erg. Hoe kan dat nou? Ik ruim het meteen voor u op. Het spijt me verschrikkelijk.'

Juf Brakel verbergt het kompas achter haar rug zodat van Dongen het niet kan zien. Ze wacht tot hij bukt, dan haalt ze snel het kompas tevoorschijn. Voordat hij overeind komt cirkelt ze met haar platte hand boven het kompas. Drie keer naar links, drie keer naar rechts. Ze richt het kompas op het achterwerk van de conciërge. Daar ga je sufferd, denkt ze. 'Ploef!' zegt ze zachtjes.

Maar er gebeurt helemaal niets. Alsof er niets aan de hand is, komt Van Dongen overeind. Juf Brakel kan het kompas nog net op tijd wegstoppen.

'Het is weer keurig, mevrouw.' Dan loopt hij weg.

Juf Brakel kijkt de conciërge na. Hoe kan dit? Ik heb precies gedaan wat die etterbak zei. Ze loopt kokend van woede naar haar kamer, waar Van Dongen haar geschrokken weer tegemoetkomt.

'Blijf waar u bent, alstublieft. Er zit een rat in uw kamer. Wees niet bang. Ik zal u redden.' Hij kijkt gestrest om zich heen. 'Ik jaag dat vieze beest voor u weg. Ik moet daarvoor even iets halen en ondertussen moet u hier blijven staan. Nee, u moet hier helemaal niet blijven staan.'

Hij rent naar het dichtstbijzijnde lokaal en houdt de deur voor haar open. 'U moet hier wachten, tot het veilig is. U mag die rat niet zien. Je mag nooit een rat in de ogen kijken.'

Van Dongen rent weg om iets te halen. In dezelfde tijd loopt juf Brakel haar kamer in, pakt de rat, doet het kompas erin en stopt de rat met kompas in haar tas.

'Nee, mevrouw, wat doet u hier?' roept Van Dongen wanneer hij haar kamer binnenkomt. 'U hebt hem toch niet aangeraakt?'

'Sukkel, wat dacht je nou, dat die rat blijft wachten tot jij hem eindelijk komt wegjagen? Ik zag hem net de school uit schieten.'

Met z'n drietjes rijden Lotte, Thijs en Lucas over het bospad naar Alies huis.

'Je zult het straks zelf zien,' zegt Lotte. 'Die jurk hangt in de achtertuin aan de lijn.'

'Ik ben heel benieuwd,' zegt Lucas.

Een eindje voor Alies huis houden ze stil. ‘Wij wachten hier,’ zegt Thijs, ‘anders valt het veel te veel op.’

‘Dus je weet het, hè? In de achtertuin,’ zegt Lotte nog een keer en ze geeft hem het lapje, zodat hij het zelf kan vergelijken.

Lucas steekt zijn duim op.

‘Denk je dat hij ons niet gelooft?’ vraagt Lotte.

‘Natuurlijk wel,’ zegt Thijs. ‘Hij wil het alleen met eigen ogen zien, dat snap ik ook wel.’

Ze kijken Lucas na, terwijl hij door het hek gaat en daarna achter het huis verdwijnt. Het duurt niet lang voordat hij terugkomt.

‘En?’ vragen ze.

‘Er hangt niks aan de lijn,’ zegt Lucas. ‘Helemaal niks.’

‘Dat kan niet!’ roept Lotte. ‘Heb je wel in de achtertuin gekeken?’

‘Natuurlijk, ik zag de waslijn wel, maar er hing geen jurk aan.’

Lotte en Thijs kunnen het niet geloven. Ze sluipen ook de tuin van Alie in en dan zien ze het zelf: de waslijn is leeg.

Lucas doet het lapje in zijn zak, dat moeten ze goed bewaren. Als ze de jurk nog een keer ergens zien, kunnen ze het daar tenminste mee vergelijken.

15

Na school fietst Milou meteen naar huis. Ze hoopt zo dat haar moeder goed nieuws heeft en zal zeggen dat haar vader vrijkomt. Gisteren had haar moeder hem even kunnen zien in de gevangenis. Milou vond het superstom dat ze niet mee mocht.

Gelukkig zei haar moeder toen ze thuiskwam dat ze zich geen zorgen hoefde te maken. Haar vader zag er prima uit en hij dacht dat hij snel vrij zou komen.

De achterdeur is open, dat betekent dat haar moeder thuis is. In de gang hoort ze haar aan de telefoon praten.

'Het was afschuwelijk om hem zo te zien,' hoort ze haar moeder zeggen. 'Ik ken hem helemaal niet zo, zo somber. Dat komt omdat ze hem niet geloven. Hij ziet er ook doodmoe uit. Hij zegt dat hij helemaal niet slaapt. Hij ligt 's nachts alleen maar te piekeren. Dit houdt hij nooit vol. Ik moet snel een goede advocaat voor hem vinden, daarom bel ik jou.'

Milou wordt bleek. Het gaat dus helemaal niet goed met papa, denkt ze. Zodra haar moeder de telefoon neerlegt, gaat ze de kamer in.

'Je hebt tegen me gelogen, je zei dat het goed met papa ging en dat is helemaal niet waar.'

Haar moeder zucht. 'Ik wilde je niet ongerust maken. Maar het komt goed. Ik ga op zoek naar de beste advocaat die er is en die krijgt hem zo vrij. Maak je nou maar geen zorgen.'

Ze wil thee voor Milou inschenken, maar Milou heeft geen zin in thee. Ze heeft nergens zin in. Ze gaat naar haar kamer. Kon ze maar facetimen met Fleur. Maar in Singapore is het al elf uur 's avonds. Dat stomme tijdsverschil ook! Waarom is het toch zo ingewikkeld om gewoon met

Fleur te kletsen? Ze ploft op haar bed neer. Ze weet wel waarom haar vader zich vreselijk voelt. Hij mist haar en haar moeder. Waarom mag ze nou niet even naar hem toe? Ze kan het natuurlijk proberen... Ze kan naar de gevangenis gaan en aan de portier vragen of ze haar vader even mag zien. Dat is een goed idee! Ze rent de trap af.

'Ik ga nog even weg!' roept ze. 'Ik heb afgesproken met Lotte. Zij was hier gisteren.'

'Doe maar, meisje, maak maar plezier. Om zes uur eten we.'

Milou fietst de straat uit. Ze heeft geen idee dat Lotte, Thijs en Lucas haar hebben opgewacht en achter haar aan fietsen. Anders had ze misschien iets gevoeld en omgekeken, maar nu denkt ze maar aan één ding. Ze moet haar vader zien.

'Waar gaat ze helemaal heen?' vraagt Lotte als Milou de brug over gaat.

'Pas op!' zegt Thijs. 'Niet te dichtbij komen.'

'Ze heeft wel haast,' zegt Lucas.

Als Milou opeens rechts afslaat, racen ze achter haar aan.

'Kijk!' zegt Lucas. 'Ze rijdt het parkeerterrein van de gevangenis op.'

Ze kijken elkaar aan. Met open mond volgen ze Milou die haar fiets op slot zet, een tijdje aarzelend voor de deur blijft staan en dan aanbelt.

Milous hart bonkt in haar keel. Hier zit papa dus, denkt ze. Ze voelt hoe graag ze hem wil zien.

De deur gaat open. De portier kijkt haar vragend aan.

'Ik, eh... Ik ben Milou van der Steen. Ze hebben mijn vader hier opgesloten en hij heeft niets gedaan. Mag ik hem alstublieft even zien?'

De man kijkt in de computer. 'Hoe heet je vader?'

'Jorrit van der Steen,' zegt Milou.

'Dat klopt, hier heb ik hem.'

'Mag ik naar hem toe?' vraagt ze opgewonden.

'Dat gaat helaas niet, meisje,' zegt de portier. 'Ik wilde dat ik je kon helpen, maar dat is op dit moment onmogelijk. Je mag me wel een briefje voor je vader geven, dan zorg ik dat hij het krijgt.'

'Mag ik hem echt niet even zien?'

'Ik moet me aan de regels houden, kind. Ik kan er echt niets aan doen. Als je vader onschuldig hier zit, komt hij vast weer snel thuis.'

Milou heeft tranen in haar ogen.

De portier pakt pen en papier. 'Schrijf maar iets op voor je vader.'

Pap, ik mis je zo, schrijft ze, *wil je vragen of ik je mag bezoeken?*

Ze tekent drie hartjes en een paar kussen en dan geeft ze het briefje aan de portier.

'Zet er even boven dat het voor Jorrit van der Steen is,' zegt de portier.

Milou schrijft haar vaders naam erboven.

'Dank u wel,' zegt ze en ze geeft het briefje weer terug. De portier maakt de deur voor haar open.

'Sterkte, meisje.'

Buiten droogt ze haar tranen af en ze kijkt naar boven. Achter een van die ramen zit haar vader.

'Daar is ze weer!' zegt Lucas als Milou naar haar fiets loopt. Ze gaan gauw naar de overkant van de weg waar Mi-

lou straks langskomt. Ze zien dat Milou de weg oversteekt en dan doen ze net of ze toevallig aan komen rijden.

'Milou!' roept Lotte.

Milou schrikt, maar ze herstelt zich snel. 'Hoi,' zegt ze en ze blijft staan.

'Wat doe jij nou bij de gevangenis?' vraagt Lucas.

'Ik, eh... Ik, eh... Ik moest even een brief afgeven voor een collega van mijn moeder.' Ze zien dat ze gauw wegkijkt. 'Geloven jullie me niet?'

'Nee,' zegt Lotte. 'Je kunt ons heus wel eerlijk vertellen wat je daar deed.'

Milou kijkt hen aan. 'Wat doen jullie eigenlijk hier? Dat zou ik dan ook wel willen weten.'

'Wij zoeken de dief die het kompas uit het museum heeft gestolen,' zegt Lucas.

'Die zoek ik ook,' zegt Milou. 'Maar jammer genoeg zit die hier niet. Dat is juist het gemene, die loopt vrij rond. Hier zit iemand die onschuldig is. Waarom zoeken jullie die dief eigenlijk?'

'Wij moeten weten waar het kompas is. We kunnen niet zeggen waarom, maar het is heel, heel belangrijk,' zegt Lucas, 'en om daarachter te komen moeten we de dief opsporen.'

'En ik moet ook die dief opsporen,' zegt Milou. 'Dat is ook heel belangrijk.'

'Luister,' zegt Lucas. 'Kunnen we niet samenwerken? Dat we één team worden?'

'Oké,' zegt Milou.

Thijs denkt even na en dan zegt hij: 'Dat gaat niet zomaar, dan moeten we een contract tekenen.'

'O, ik heb geen pen bij me. Jullie?' vraagt Milou.

'Dat gaan we niet hier midden op straat doen,' zegt Thijs lachend. 'Ik weet wel een geschikte plek.' In zijn enthousiasme had hij bijna hun hut en het eiland verraden. Hij schrikt ervan. En hij ziet dat Lotte ook schrikt. Dat willen ze niet. Ze kennen Milou nog maar net. Ze weten nog niets van haar.

'We gaan naar mijn huis,' zegt hij gauw. 'Op mijn kamer tekenen we het contract.'

Milou fietst samen met de anderen naar het huis van Thijs. Ze is haar vader even vergeten.

'Wauw!' roept ze als ze door het hek zijn. 'Is dat vlot van jou?'

Thijs knikt.

Milou denkt aan de plek waar ze door de verrekijker Lucas zag. Een strandje aan het water. Daar stond ook een hut. Nu snapt ze hoe Lucas daar kwam. Ze zijn er met Lucas heen gevaren! Maar ze houdt haar mond.

'Als we het contract hebben getekend, kunnen we dan een eindje varen?'

'Best,' zegt Thijs. Maar niet naar ons eiland, denken Lotte en Thijs alle twee.

Eenmaal op zijn kamer pakt Thijs een vel papier en geeft het aan Lotte. 'Jij schrijft mooier. Dat gekrabbel van mij kan niemand lezen.'

'Ik onderteken dat ik altijd eerlijk tegen mijn vrienden zal zijn. Dat is de eerste regel van ons contract,' zegt Lotte. En ze schrijft het op.

'Ook al kom je in de gevaarlijkste omstandigheden, je verraadt ons niet. Mee eens?' vraagt Lotte.

Milou knikt.

'We kunnen elkaar vertrouwen,' schrijft Lotte, 'dus we houden nooit iets voor elkaar achter.'

'Ook mee eens?' vraagt Thijs.

Milou slaat haar ogen neer. Dan moet ze over haar vader vertellen. En wat nog lastiger is: het geheim van de verrekijker. Daar mogen ze niks van weten. Ze wil het hun nooit vertellen. Fleur weet het niet eens.

Ze wil niet nog eens voor gek komen te staan. Op haar vorige school zag ze op een dag een paar leerlingen op rollerskates voorbijkomen. Ze dacht aan de kleurwedstrijd waaraan ze had meegedaan. Ik wilde dat ik de eerste prijs had, dacht ze, dan win ik rollerskates. Ze kuste een knikker voor geluk.

'Er is een cadeau voor je gekomen,' zei haar moeder toen ze thuiskwam. Ze pakte het uit en... rollerskates! Ze had de eerste prijs gewonnen. Mijn wens is vervuld, dacht ze, zou dat komen omdat ik de knikker kuste? Ze probeerde het de volgende dag nog een keer. Ik wilde dat ik een ijsje had, dacht ze, en ze kuste de knikker. Nog geen vijf minuten later kwam haar moeder thuis met ijs. Ze had het verhaal in vertrouwen aan haar buurmeisje verteld, maar die lachte haar uit en vertelde het door aan de hele straat. Iedereen pestte haar ermee. Ze noemden haar knikkerkusser. Vreselijk vond ze het. Toen heeft ze zich voorgenomen nooit meer aan iemand een geheim te vertellen. Ze kijkt naar Lotte, Lucas en Thijs. Ze wil ze ook niet bedriegen.

'Ik denk dat het contract zo goed is,' zegt Thijs en hij leest het nog een keer voor.

Milou krijgt het er warm van. Wat moet ze nou?

'Wie tekent er eerst?' vraagt Thijs.

'Ik,' zegt Lotte.

Ze zet een handtekening onder het contract. Thijs en Lucas tekenen ook.

'Nu jij, Milou,' zegt Thijs.

Milou zucht. 'Ik... Ik kan dit niet tekenen. Wel dat ik jullie nooit zal verraden. Maar ik heb twee geheimen. Niemand mag ze weten, helemaal niemand, jullie ook niet.'

Even blijft het stil. Thijs is de eerste die de stilte verbreekt. 'Dan hebben we een probleem, een groot probleem. Dan kunnen we geen team zijn.'

16

Als Lotte en Thijs ’s morgens het schoolplein op lopen, steekt Milou haar hand naar hen op. Maar ze komt niet naar hen toe. Ze zien wel aan haar dat ze zich niet op haar gemak voelt. Zelf vinden ze het ook lastig. Ze zijn toch een beetje kwaad dat Milou het contract niet heeft ondertekend.

Lucas komt wel naar hen toe zodra hij ze ziet. ‘Ik ga na school iets heel spannends doen in het lab.’

‘Oké, maar moeten we er niet eerst achter komen wie het kompas heeft gestolen?’ zegt Lotte.

‘Wat ik ga doen heeft daarmee te maken,’ zegt Lucas. ‘Ik heb in de computer bij de informatie over het kompas een code gevonden. Er staat nergens waar die voor is. Misschien kan ik door die code wel contact krijgen met het kompas.’

‘Wat goed bedacht,’ zegt Thijs. ‘Stel je voor dat het lukt!’

‘En ik heb nog iets bedacht,’ zegt Lucas. ‘Ik vind het eigenlijk niet eerlijk dat jullie niet met Milou willen samenwerken.’

‘Ze wil zich niet aan ons contract houden,’ zegt Lotte. ‘Er staat duidelijk dat je geen geheimen voor elkaar mag hebben.’

'En wij dan?' zegt Lucas. 'Wij hebben toch ook niet verteld waarom het kompas zo belangrijk voor ons is? We hebben wel meer geheimen voor haar, het eiland en de hut bijvoorbeeld.'

Hij kijkt naar Thijs. 'Jij had ook een geheim voor ons toen je met Alie Cyaankali en Greta Granaat samenwerkte. En jij ook, Lotte. Dat heb je me zelf verteld. Thijs mocht niks weten over die gemene vriend van je moeder.'

Lotte en Thijs weten niet zo goed wat ze moeten zeggen.

'Eigenlijk is ze heel eerlijk,' zegt Lucas. 'Ze had ook gewoon kunnen tekenen en haar mond kunnen houden. Kunnen we dat punt niet uit het contract halen? Iedereen heeft weleens een geheim.'

Lotte en Thijs denken na. Lucas heeft wel gelijk, zij hebben ook dingen die Milou absoluut niet mag weten.

'Als we dat punt eruit halen, dan tekent Milou misschien wel en zijn we een team,' zegt Lotte.

'Deal! We schrappen het punt over de geheimen.' Ze geven elkaar een high five.

Juf Evi maakt aan het begin van de schooldag twee kolommen op het bord. Boven de ene kolom staat: *wat hoort bij vriendschap*. En boven de andere: *wat hoort niet bij vriendschap.*

Ze beginnen allemaal door elkaar te roepen.

'Elkaar vertrouwen!'

'Niet over elkaar roddelen.'

'Elkaar niet in de steek laten.'

'Ja, inderdaad, en dan gauw met een ander gaan spelen.'

'Eerlijk delen!'

Juf Evi klapt in haar handen. 'Niet allemaal door elkaar graag. Als je iets wilt zeggen steek je je vinger op.'

'Bij vriendschap hoort dat je alles aan elkaar vertelt,' zegt Sanne. 'Dat je geen geheimen voor elkaar hebt.'

Iedereen praat weer door elkaar. Juf Evi wil weer in haar handen klappen als de deur van de klas opengaat.

'Dacht ik het niet,' zegt juf Brakel, die de klas binnen gaat. 'Ik hoor gekakel aan het begin van de gang en uit welk lokaal komt het? Natuurlijk weer uit de klas van juf Evi.'

'We hebben een discussie, mevrouw Brakel.' Juf Evi wijst naar het bord. 'Het gaat erom wat wel bij vriendschap hoort en wat niet.'

'Waar slaat dat op?' zegt juf Brakel verontwaardigd. 'Vriendschap bestaat niet. Dat hebben mensen maar verzonnen. Zonde van uw tijd, juf Evi. En zéker van de tijd van de leerlingen.' Ze loopt naar het bord en veegt de kolommen uit. 'Als u dit soort onzin nou eens achterwege liet, zou deze groep veel beter presteren. Ik heb de dictees bekeken. De resultaten zijn zeer zorgwekkend.'

'Maar juf Brakel, dit moet een misverstand zijn. Hebt u wel de goede toetsen bekeken? Groep zeven heeft bij het dictee prachtig gepresteerd. Ik ben er juist trots op. Er zit niet één onvoldoende tussen.'

'Juf Evi, u bent wel erg snel tevreden. Meer dan de helft van de klas komt niet boven een zeven uit. Dat is veel te laag. Ik zag zelfs zesjes, dat is al helemaal niks. En die zeventjes stellen ook niet veel voor. We gaan de boel optrekken. Ik wil achten zien en liever nog negens en tienen.'

'Juf Brakel, daar ben ik het niet mee eens,' zegt juf Evi. 'Een zeven is ruim voldoende. Het is nou eenmaal niet voor iedereen weggelegd om hoger te scoren.'

'Nee, omdat in deze klas altijd wordt gekletst. Ik kan hier niet binnenkomen of jullie zitten te praten. Daar gaan we nu wat aan doen.'

Ze doet de deur open. 'Van Dongen!' roept ze door de gang. 'Waar blijf je?'

Er wordt een grote mand vol wol de klas binnen gedragen. De berg schapenwol is zo hoog dat je de conciërge bijna niet ziet.

'Wat duurde dat lang. Moest je die schapen soms nog scheren? Man, wat ben je toch traag. Wat sta je daar nou? Zet die mand neer.'

Nu zien ze ook de breipennen die uit de wol steken.

Juf Brakel rukt er twee uit de mand.

'Wie weet waarvoor deze pennen dienen?'

Daan steekt zijn vinger op. 'Als je arm in het gips zit en je hebt jeuk, dan steek je de pen tussen het gips en je arm en krab je.'

De hele klas begint te lachen.

'Ezel!' buldert juf Brakel. 'Dit zijn breipennen. Jullie gaan breien. Inmiddels is bewezen dat je daar heel rustig van wordt. En als jullie dan ook nog breien wat ik jullie opdraag, dan zullen jullie absoluut beter presteren.'

In de klas wordt luidruchtig gezucht.

'Ik kan niet breien, mevrouw,' zegt Daan. Een aantal kinderen vallen hem bij.

'Ik heb nog nooit gebreid,' zegt Lotte.

'Dan wordt het de hoogste tijd dat jullie dat leren.' Ze kijkt naar juf Evi. 'U hoort het, u laat ze vandaag geen andere dingen doen, alleen breien.'

'Dus we moeten ook de gymles overslaan?' vraagt juf Evi.

'Wat denkt u nou, juf Evi? De gymzaal hebben we niet voor niets gehuurd. Ze gaan gewoon gymmen, maar dat is vandaag dan ook de enige onderbreking.'

'Zoals u wilt, mevrouw Brakel, maar wat moeten ze breien?'

'Wat denkt u nou? Die leerlingen van u moeten hun mond leren houden. Ik heb het al vaak genoeg gezegd. Er moet stilte zijn in de klas. Je moet een speld kunnen horen vallen. Dan pas kunnen ze geconcentreerd werken. Daarom breien jullie een mondsluiter. En die dragen jullie vanaf morgen elke dag op school. Alleen in de pauze mag hij af. Met zo'n wollen mondsluiter worden jullie meteen afgestraft als je praat. Tenzij jullie draden en pluizen lekker vinden. Degene die morgen zonder mondsluiter op school komt omdat hij hem niet af heeft, blijft net zo lang na tot de mondsluiter klaar is.'

Zodra juf Brakel weg is, kijken de leerlingen in de mand. Ze zien alleen maar grijze, bruine en zwarte wol.

'Een wollen mondsluiter,' moppert Bram. 'En als we dan iets niet snappen? Dan kunnen we het niet eens meer vragen, zonder dat je tong vol pluizen komt te zitten. Bah, dan halen we pas onvoldoendes.'

'Hoorde je wat Braaksel zei?' zegt Zoë. 'Je moet als hij vandaag niet afkomt, morgen net zo lang op school blijven tot hij af is.'

'Dan kunnen wij maar beter onze pyjama mee naar school nemen,' zegt Daan en hij stoot Bram aan.

Er zijn veel meer kinderen die niet kunnen breien. Ook degenen die wel kunnen breien mopperen. Ze vinden het stom.

'Dat wordt dus de hele middag breien,' zegt Thijs.

'Maken jullie je maar geen zorgen.' Juf Evi zet de mand in de hoek van de klas. 'Ik heb al een plan. Wij gaan zo naar gym. Onderweg stoppen we bij het bejaardentehuis. Daar zitten veel lieve dames die heel goed kunnen breien. Ik weet zeker dat ze jullie graag willen helpen.'

'Yes!' roept Lotte. 'Die hebben zo'n stomme mondsluiter zo af.'

'Luister,' zegt juf Evi. 'Er is een probleem. Breipennen hebben ze daar wel, maar niet zoveel wol. Die moeten we dus mee naar buiten smokkelen. Mevrouw Brakel mag het niet zien. Iedereen krijgt twee bollen wol. Jullie bedenken zelf hoe je die het beste onder je kleren kunt verstoppen.'

Groep zeven vindt het een geweldig plan. Zoë stopt de bollen achter in haar broek. Nu lijkt het alsof ze heel dikke billen heeft. Dat doen er nog veel meer. En Anna stopt ze in haar trui. Ze heeft een heel dikke buik.

'Je lijkt wel zwanger!' roept Zoë.

Bram stopt in elke mouw een bol wol. 'Kijk naar mijn superspierballen!' roept hij.

'Haha, moet je naar mij kijken!' roept Daan. En hij wijst naar zijn trui. Hij heeft nu ook borsten.

'Hoe kunnen we zo ongemerkt langs juf Brakel komen?' vraagt Sanne als ze zijn uitgelachen.

'Dat vraag ik me ook af,' zegt juf Evi.

'We moeten een plan verzinnen,' zegt Daan.

Het is stil in de klas. Ze denken allemaal na. En dan steekt Lotte haar vinger op.

Vol spanning wacht groep zeven tot de juf zegt dat ze naar buiten mogen om naar gym te gaan. Ze kijken naar Julian en Sanne die vooraan in de rij staan. Die moeten ervoor zorgen dat de hele klas onopgemerkt langs juf Brakel kan glippen.

'Heb je je briefje nog?' vraagt Lotte aan Julian wanneer juf Evi het teken geeft dat ze mogen gaan.

Julian knikt. Voor de zekerheid voelt hij in zijn zak, maar het zit er nog. De deur van de klas gaat open. Julian en Sanne lopen voorop.

'Ze staat er,' fluistert Julian als hij juf Brakel bij de deur ziet staan.

De rest van de klas wacht. Julian kijkt naar juf Brakel. Als hij ziet dat ze naar hen kijkt, geeft hij Sanne heel opvallend het briefje. Juf Brakel stapt meteen op hen af.

De rest van de klas staat nog steeds op hun plek.

'Hier met dat briefje!' Juf Brakel houdt haar hand op.

Sanne doet alsof ze het heel erg vindt dat ze het briefje moet laten zien en houdt het stevig vast.

'Komt er nog wat van?' buldert juf Brakel.

Sanne geeft haar het briefje. Terwijl juf Brakel leest wat er staat, schiet groep zeven met dikke billen, spierballen, dikke buiken en borsten achter haar langs naar buiten.

'Ik ben op je,' leest juf Brakel hardop voor. 'Ben jij ook op mij?' Ze zucht geïrriteerd. 'Jullie snappen er ook niks van, hè? Hoe vaak moet ik het nog vertellen. Jullie hoeven niet op elkaar te zijn. Jullie moeten op rekenen en taal zijn. Er is niets mooiers dan leren en kennis vergaren. Laat ik niet meer merken dat jullie zulke onzin uitkramen of nog erger, opschrijven.' Ze propt het briefje in elkaar. 'En nu vort, naar gymnastiek.'

'Wat is er met jullie gebeurd?' roepen de bewoners van het bejaardentehuis als de dikke buiken, de spierballen, de borsten en de dikke billen de recreatieruimte in komen.

'Laat maar zien, jongens,' zegt juf Evi lachend.

'Tadadadammm!' Ze halen de bollen wol tevoorschijn.

'Zo kennen we jullie weer.' De bewoners moeten lachen.

'Wij hebben een heel groot verzoek,' zegt juf Evi. Ze vertelt over de mondsluiters die aan het eind van de dag al af moeten zijn.

'Maar wij kunnen helemaal niet breien,' roept iemand.

'Dus wij hebben een heel brutale vraag,' zegt juf Evi.

'Ik denk dat ik het al weet,' zegt een mevrouw. 'Of wij die mondsluiters voor jullie willen breien. Heb ik het goed?'

'Ja!' roepen ze. 'Alstublieft.'

'Jullie hebben geluk,' zegt een van de verzorgers. 'Toevallig hebben wij zo, na de koffie, ons breiuurtje.'

'Het zou fantastisch zijn als het lukt,' zegt juf Evi. 'U weet niet hoe u mijn leerlingen daarmee helpt. Als u het niet erg vindt, gaan we nu naar de gymzaal. Op de terugweg komen we weer langs.'

'Als ik het goed begrijp,' zegt de verzorger, 'dan moet het in een uurtje klaar zijn. Gaat ons dat lukken, dames?'

'Natuurlijk wel!' roept een van de mannen. 'Het is goed voor de vrouwen om hard door te werken, dan kunnen wij even lekker suffen.'

'Dat mochten jullie willen, luilakken,' zegt de verzorger lachend. 'Jullie mogen de elastiekjes eraan vastmaken.'

'Voor jullie weggaan hebben wij ook een vraag,' zegt de verzorger.

Hij wijst naar een kale muur. 'Op deze muur hingen heel saaie schilderijen waar we echt niet vrolijk van werden.

Daarom hebben we ze eraf gehaald vanochtend. Maar nu zitten we met een kale muur. Weten jullie hoe we die muur wat kunnen opvrolijken?'

'Daar kunnen we zeker over nadenken,' zegt juf Evi en ze knipoogt naar de kinderen.

Groep zeven is zo blij dat de mensen uit het bejaardentehuis hen helpen. Aan het begin van de gymles moeten ze altijd drie rondjes in de zaal rennen. Meestal mopperen ze dat ze het zoveel vinden, maar nu hoort juf Evi ze niet.

Na de gymles kleden ze zich pijlsnel om. Ze zijn zo benieuwd of het de breiclub is gelukt.

'Ze zijn vast nog hard aan het breien,' zegt Sanne.

'Het kan inderdaad zijn dat we even moeten wachten,' zegt juf Evi.

Maar als ze de zaal in komen, zijn de vrouwen helemaal niet aan het breien. Ze zitten in hun stoelen en er zijn nergens mondkapjes te zien.

'We moeten jullie teleurstellen,' zegt de verzorger. 'Het is niet gelukt. Er kwam iets tussen. Het is mijn schuld. Ik was vergeten dat een van onze bewoonsters morgen tachtig jaar wordt. Er was geen tijd om te breien, we moesten slingers maken.'

Groep zeven is teleurgesteld. Nu moeten ze toch nog zelf breien.

'We begrijpen het, toch, jongens?' zegt juf Evi. 'Het was misschien ook een beetje te veel gevraagd.'

'Eigenlijk wel,' zegt een van de vrouwen. 'We hadden het wel willen doen, maar de verjaardag gaat voor.'

'Vanzelfsprekend,' zegt juf Evi.

'We hebben wel heel mooie slingers gemaakt,' zegt de verzorger. 'Willen jullie ze zien?'

Eigenlijk is niemand geïnteresseerd in de slingers. Ze balen zo verschrikkelijk, maar dat willen ze niet laten merken dus lopen ze mee.

De verzorger doet de deur van een andere zaal open. Ze kijken naar binnen.

‘Yes!’ roepen ze blij. De lijn die in de zaal is gespannen hangt vol mondsluiters.

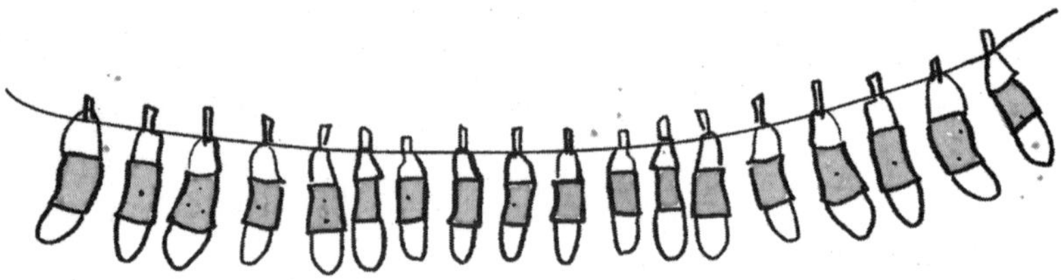

De hele klas is superblij. Ze halen de mondsluiters van de lijn en bedanken de bewoners.

‘Heel erg lief van jullie,’ zegt juf Evi, ‘en wat hebben jullie ons gefopt! We dachten echt dat het niet was gelukt. Namens alle kinderen hartelijk bedankt. En wat de muur betreft, misschien heb ik wel een leuke oplossing.’

Ze geven de oudjes allemaal een hand en dan gaan ze met hun mondsluiter in hun zak naar school terug.

Juf Brakel denkt dat groep zeven de hele dag zit te breien, maar ze heeft het mis.

Zodra ze van gym terugkwamen hebben ze alle tafels en stoelen aan de kant geschoven. Midden in de klas op de grond ligt nu een groot vel papier van wel drie meter lang. Met elkaar maken ze een lang vrolijk schilderij voor op de lege muur van het bejaardentehuis.

17

Lotte, Thijs en Milou wachten buiten op Lucas. In de pauze hebben ze Milou verteld dat ze het punt van de geheimen uit het contract willen schrappen. Milou was opgelucht.

'Hèhè,' zegt Lotte als Lucas er eindelijk aankomt.

'Staan jullie op mij te wachten?' vraagt Lucas.

'Ja, we gaan het aangepaste contract tekenen. Of wil je daar niet bij zijn?'

'Ik zou toch naar het lab gaan, weten jullie nog?' zegt Lucas.

'Dat is ook zo,' Lotte en Thijs waren het bijna vergeten. Lucas gaat kijken of hij met de code contact kan maken met het kompas.

'Welk lab?' vraagt Milou.

'Het is eigenlijk het zomerhuis van mijn opa,' zegt Lucas, 'maar ik noem het 't lab. Je zult het binnenkort wel een keer zien.'

Milou snapt er niks van. Waarom zou je een zomerhuis een laboratorium noemen? Lotte ziet aan Milou dat ze door wil vragen.

'Kom op, we gaan Max ophalen,' zegt ze gauw.

Meestal blijft juf Brakel tot laat op school, maar vandaag staat ze met haar tas onder haar arm en haar jas aan voor het raam. Ze kijkt naar Lucas die wegfietst en dan snelt ze naar buiten, stapt op de fiets en rijdt achter hem aan. Ze moet meer te weten komen over het kompas. Ze heeft het op Van Dongen uitgeprobeerd en het werkte niet. Misschien was ze toch te laat bij het laboratorium. Of ze ging te snel weer weg en heeft daardoor belangrijke informatie gemist.

Ze moet te weten komen hoe het kompas werkt en daar heeft ze Lucas en zijn laboratorium voor nodig.

'Gifslang,' mompelt juf Brakel als Lucas het bospad in slaat. 'Je doet wel zo wijs, maar je hebt niet eens door dat ik achter je aan ben gereden.' Ze duwt gauw haar fiets de struiken in en duikt zelf achter een rododendron.

Vanuit de struiken bespiedt ze Lucas. Wat moet hij met die steen, denkt ze.

Met een stralend gezicht volgt ze Lucas die er een sleutel onderuit haalt en in het slot van het laboratorium

steekt. Wat een cadeau! Nu kan ze gewoon naar binnen en alles onderzoeken als hij er niet is. Wie weet wat ze nog meer ontdekt. Ze neemt zich voor net zo lang te wachten tot Lucas vertrekt. Al moet ze hier de hele avond blijven zitten. Het is toch niet te geloven. Ze hoopte dat ze iets te weten zou komen, maar dit had ze niet durven dromen. Al moet ze het hele laboratorium op zijn kop zetten, ze zal vinden wat ze zoekt.

Als na een halfuur de deur van het laboratorium opengaat, wil juf Brakel een sprongetje maken van opluchting. Ze ziet Lucas naar buiten komen. Hij doet de deur op slot en legt de sleutel weer onder de steen.

Als Lucas goed had gekeken, dan had hij kunnen zien dat het puntje van Braaksels neus uit de struiken bij het lab stak. Maar Lucas rijdt door. Hij denkt aan zijn vrienden die hij helaas moet teleurstellen. Hij heeft het uitgezocht, maar nergens heeft hij een aanwijzing gevonden hoe contact te maken met het kompas.

Milou, Lotte en Thijs zitten boven op Thijs' kamer. Thijs haalt het contract dat de andere drie al hadden getekend tevoorschijn. Hij pakt een pen en streept het derde punt door.

'Zo,' zegt hij, 'je mag je geheimen houden. Nu wil je het vast wel tekenen.'

Milou knikt. 'Inderdaad, want met elkaar vinden we die dief van het kompas vast veel eerder.'

Dan gaat de deur van Thijs' kamer open. Lucas komt binnen. Lotte en Thijs kijken hem gespannen aan. Ze zijn zo benieuwd of Lucas goed nieuws voor hen heeft. Maar Lucas doet zijn duim naar beneden. Jammer, denken Lotte en Thijs.

'We gaan de dief vinden,' zegt Lotte, 'want nu gaan we samenwerken met Milou en dan zijn we een echt team. Als het contract tenminste getekend is.'

'Ik teken het wel, hoor,' zegt Milou lachend. 'Graag zelfs.'

'Die ene rotzak die nog vastzit houdt nog steeds zijn mond, zag ik op het nieuws,' zegt Thijs. 'Dan moet de politie maar van ons horen wie die dief is.'

'Dat is geen rotzak,' zegt Milou fel.

'Nou, die crimineel dan, of die ene boef,' zegt Lotte.

Milou wordt rood. 'Het is ook geen crimineel en ook geen boef. Jullie weten er niets van. Als jullie dat steeds blijven zeggen dan...' De tranen schieten in haar ogen. 'Dan wil ik niet meer met jullie samenwerken.'

'Waarom mogen we dat niet zeggen?' vraagt Thijs.

'Omdat het een heel lieve man is,' zegt Milou.

'Hoe weet je dat?' vraagt Lucas. 'Ken je die man soms?'

Milou knikt snikkend. 'Hij is hartstikke lief, hij zou nooit iemand kwaad doen. Als hij niet zo lief was geweest, zat hij nu niet in de gevangenis...'

'Was het soms je leraar van je vorige school?' vraagt Thijs.

'Je buurman? Of je dansleraar?' vraagt Lotte wanneer Milou haar hoofd schudt.

'Nee, ik ken hem veel beter...'

'Is het... Is het soms je vader?' vraagt Lucas.

'Jaaa!' snikt Milou. 'Het is hartstikke erg.' Ze vertelt dat hij haar die middag naar streetdance bracht en hij toen naar het Stadsmuseum ertegenover zou gaan. Na streetdance zou hij haar weer ophalen. Maar toen ze buitenkwam stond haar moeder daar...

De drie luisteren ademloos naar Milous verhaal. Ze vinden het heel erg voor Milou.

'We gaan je helpen,' zegt Lucas. 'We gaan ervoor zorgen dat we heel snel de dief vinden en je vader weer naar huis mag.'

Milou droogt haar tranen af. 'Ik doe dit voor mijn vader, maar waarom willen jullie die dief zo graag vinden?'

'De dief kan ons niks schelen,' zegt Lucas, 'maar het kompas is voor ons heel belangrijk.'

'Waarom is het dan zo belangrijk?' vraagt Milou. 'Hebben jullie geld nodig? Willen jullie het verkopen?'

'Nee.' Lucas kijkt naar Lotte en Thijs.

'Vertel maar,' zegt Lotte.

Thijs knikt ook. Nu Milou haar geheim heeft verteld, mag ze hun geheim ook wel weten.

'Het kompas is magisch. Daarom willen wij het hebben,' zegt Lucas. 'Het mag niet in verkeerde handen komen, snap je?'

‘Hoe weten jullie dat het kompas magisch is?’ vraagt Milou.

Lucas kijkt Lotte en Thijs weer aan.

‘Milou mag het wel weten,’ zeggen ze. ‘We zijn nu vrienden.’ Ze vertellen haar alles over de uitvinder.

Milou denkt aan haar magische verrekijker. Zal ze hun erover vertellen? Ze aarzelt. Wie weet krijgt ze achteraf spijt. Ze houdt haar mond.

In het laboratorium staan de flessen schots en scheef op de plank. Juf Brakel moet weten wat erin zit en ruikt eraan. Behalve dat haar neus prikt, wordt ze er niets wijzer van. Wat moet dat joch met die gevaarlijke middelen? Hij is nog gevaarlijker dan ze dacht. Misschien is hij bezig een bom te produceren om de school op te blazen.

Ze zoekt of ze ergens bewijs kan vinden, want dan geeft ze hem onmiddellijk aan. Je bent uitgespeeld nepprofessor, denkt ze.

Ze doet de kast open en trekt de bovenste la eruit. ‘Waar slaat dit allemaal op?’ Ze kijkt naar de papieren met rijen cijfers onder elkaar waar ze niets van snapt.

Woest trekt ze de volgende la open. Hebbes, denkt ze, als ze volgeschreven papieren ziet. Maar dan smijt ze de papieren op de grond. ‘Dit heb ik nog nooit meegemaakt,’ brult ze. ‘Deze taal ken ik niet. Het lijkt wel van een andere planeet. Met welke gevaarlijke aliens heeft dat joch contact? Misschien willen ze het hele land wel opblazen. Stel je voor dat ik een terroristische aanval voorkom, dat zal mijn naam ten goede komen. Wat zal iedereen me dankbaar zijn.’

Maar ze moet bewijs hebben. Ze kijkt rond en dan ziet ze de computer. Ze probeert of ze erin kan komen, maar hij

vraagt naar het wachtwoord. Zuchtend kijkt ze voor zich uit. En dan valt haar oog op het papier met de werking van het kompas dat Lucas aan de muur heeft geprikt.

'Heel goed dat ik hier binnen ben gekomen,' zegt ze stralend. 'Dit is alles wat ik nog moet weten. Die verdomde wijzer van het kompas moet warm worden. Bedankt, stom zwijn. Je hebt keurig voor me opgeschreven hoe ik jou en die verrotte vrienden van je voorgoed kan laten verdwijnen.'

Maar dan ziet ze de tekening. Dat is zíj! Ze willen háár laten verdwijnen. Maar dat gaat mooi niet door. Want zij heeft het kompas...

Ze scheurt het papier van de muur en rolt het op. Met het papier onder haar arm loopt ze het laboratorium uit en ze legt de sleutel weer onder de steen.

Eindelijk gaat het gebeuren, denkt juf Brakel op de fiets. Nog heel even en dan is ze van die drie misselijke schepsels verlost. Stralend rijdt ze naar huis. Ze ziet een brief uit de brievenbus steken en haalt hem eruit. Ze herkent het handschrift van Alie Cyaankali. Binnen scheurt ze de envelop lachend open. Ze weet nu al wat erin staat. Die twee zogenaamde vriendinnen willen natuurlijk dat zij hen helpt om uit de gevangenis te komen. Ze piekert er niet over. Ze mogen daar lekker blijven zitten. Ze gniffelt.

Als ze het niet dacht. *Lieve vriendin van ons* staat erboven. Jaja, Alie en Greta willen haar paaien, maar daar trapt ze mooi niet in. Maar Alie vraagt niet of zij een goed woordje voor hen wil doen zodat ze worden vrijgelaten.

Ik heb heel goed nieuws. Ik mag een dag met uitzonderlijk verlof. Ik ga zogenaamd een begrafenis bijwonen van mijn dierbare tante die nooit heeft bestaan, hahaha. Dit doe ik om jou gezellig te komen bezoeken. Je kunt je verheugen op mijn traktatie. Wat is een mooiere datum om mijn lieve vriendin te verrassen dan vrijdag de dertiende.

Braaksel trilt over haar hele lichaam. Op verlof! Vrijdag de dertiende? Dat is morgen! Zijn ze gek daar in die gevangenis om dat kreng een dag vrij te laten? Ze heeft haar er niet voor niks in laten lopen. Dat misbaksel mag geen seconde vrij rondlopen. Ze moet de gevangenisdirecteur bellen, hopelijk is ze nog op tijd.

Ze zoekt het nummer van de gevangenis op en tikt het in.

'Verbind mij onmiddellijk door met de directeur, snel.'

'Mag ik weten met wie ik spreek?'

'Zeur niet, man!' brult ze door de telefoon. 'Geef me de directeur en vertel hem dat mevrouw Brakel, de liefste juf van de provincie, aan de telefoon is en dat het haast heeft.'

'De directeur zit helaas in een vergadering,' klinkt het aan de andere kant van de lijn.

'Haal hem eruit!' buldert ze. 'Voordat ik daarnaartoe kom en hem zelf uit die vergadering sleep.'

'Mevrouw, de vergadering is niet in dit gebouw. Ik weet niet waar de directeur momenteel is.'

'Gek zijn jullie daar! Stapelgek!' Ze gooit de telefoon op tafel.

'Stelletje idioten!' roept ze en voor de zekerheid controleert ze de sloten van haar deuren. Ze moet niet hebben dat ze door Alie verrast wordt als ze morgenmiddag thuiskomt.

Ineens krijgt ze een ingeving en ze rent naar de schuur. Daar staat nog een oud verroest kanon uit de vorige eeuw. Het is een erfstuk van haar voorvaderen die in het leger zaten. Ze sleept het uit de schuur. Piepend en krakend rijdt ze het verroeste kanon de voortuin in. De loop duwt ze door de struiken. Ze bekijkt het kanon en ziet dat er nog zowel kruit als een kogel in zit. Mooi zo. Mocht Alie eraan komen, dan zal ze één keer waarschuwen en als ze niet meteen omdraait, steekt ze de lont aan. Grinnikend ziet ze voor zich hoe Alie de lucht in vliegt en neervalt. Maar hoe krijgt ze die dooie pier ongemerkt de tuin uit? En zo'n kanon maakt natuurlijk een oorverdovend lawaai. De buurman komt vast meteen naar buiten gerend. Misschien belt hij dan de politie en wordt ze opgesloten. 'Dat mocht je willen,' mompelt ze dan. 'Als ik je neerknal, kom ik zelf in de gevangenis.'

Ze moet dus een veel beter plan bedenken. Weer binnen kijkt ze naar de rol papier uit het laboratorium die op tafel ligt. En dan weet ze het ineens. Ze laat Alie Cyaankali verdwijnen. Niemand zal ooit weten waar ze is gebleven. Ze begint hard te lachen. Dat ze daar niet eerder aan heeft gedacht, ze hoeft nergens meer bang voor te zijn.

18

Lotte en Thijs hebben een goed humeur als ze 's morgens naar school fietsen. Het contract met Milou is getekend en vanmiddag gaan ze vergaderen over een plan van aanpak. Pas als ze het schoolplein op komen, en iedereen over de mondsluiters horen mopperen, denken ze er weer aan.

'Ik zie me echt niet de hele dag met een gebreid mondgeval in de klas zitten,' zegt Zoë.

'Ik ook niet,' verzucht Anna, 'dan stik ik.'

'Jullie hoeven je niet ongerust te maken,' zegt Daan. 'Bram en ik hebben daar een geniale oplossing voor bedacht.'

'Dat zal wel weer,' zegt Zoë.

'Ik meen het,' zegt Daan. 'Maar dat doen we niet zomaar, daar willen we wel een beloning voor.'

'Ja hoor, zeker weer een kus,' zegt Anna lachend. 'Goed hoor, als het lukt krijgen jullie van ons een kus, dat plan van jullie stelt toch niks voor.'

'Wacht maar af,' zegt Daan. Lotte kijkt door het raam de klas in.

'Juf legt op elke tafel een mondsluiter,' zegt ze.

'Waarschuw ons even als ze de klas uit gaat,' zegt Bram.

Lotte blijft bij het raam staan. 'Ze is klaar,' zegt ze. 'Ze loopt nu de klas uit.'

Daan steekt zijn duim omhoog. 'Dan moeten wij aan het werk, Bram.'

'Wie van jullie durft binnen op de uitkijk te gaan staan?'

'Dat doe ik wel,' zegt Lotte en ze gaat de school in, kijkt of de kust veilig is en wenkt de jongens dat ze naar binnen kunnen. 'Snel!' Daan en Bram glippen de klas in. Lotte kijkt door het raam van de deur wat ze van plan zijn. Dan ziet ze dat ze allebei een strooibus uit hun zak halen. Ze rennen langs de tafels en strooien in elke mondsluiter wat poeder.

'Ze komt eraan!' zegt Lotte als ze juf Evi uit de lerarenkamer ziet komen.

Gelukkig zijn de jongens net klaar. Ze stoppen de strooibussen weg en gaan snel op hun plaats zitten.

Juf Evi kijkt verbaasd naar Bram, Daan en Lotte die al op hun plaats zitten. 'Wat zijn jullie vroeg. De bel is nog niet gegaan. Eigenlijk mogen jullie nog helemaal niet naar binnen.'

'We deden een wedstrijdje, juf,' verzint Lotte gauw. 'We zeiden dat wij in de klas konden gaan zitten zonder dat juf Brakel het zou merken.'

'En dat is gelukt,' zegt juf Evi.

Met veel lawaai komt de rest van groep zeven de klas in. 'We hoeven die stomme mondsluiters toch niet op, juf?' zegt Julian.

'Nee,' zegt Thijs, 'alleen als Braaksel eraan komt, zetten we ze gauw op.'

'Ik begrijp jullie helemaal,' zegt juf Evi, 'maar laten we maar doen wat juf Brakel ons heeft opgedragen, anders wordt het allemaal nog veel erger.'

'Dus,' zegt juf Evi als iedereen in de klas zit, 'mondsluiters voor.'

Nu komt het, denkt Lotte. Maar wat precies, dat weet ze nog niet.

Dan begint het: groep zeven heeft hun mondsluiter nog niet om of... *Hatsjoe, hatsjoe, hatsjoe!*

'Daan en Bram hebben niespoeder in de mondsluiters gestrooid,' fluistert Lotte tegen Thijs tussen het niezen door.

Pas wanneer ze hun mondsluiter weer afdoen, stopt het genies.

De deur wordt opengerukt. 'Wat is dit voor een belachelijk lawaai!' buldert juf Brakel. 'En waarom hebben ze hun mondsluiter niet voor, juf Evi?'

'Mevrouw Brakel, waarschijnlijk ligt het aan de schapenwol. Maar zodra ze hun mondsluiter voordoen beginnen ze te niezen.'

'En daar trapt u in? In die aanstellerij? Ze kunnen u ook van alles wijsmaken. Doe jullie mondsluiter onmiddellijk voor.'

Groep zeven doet wat juf Brakel zegt. *Hatsjoe, hatsjie!* klinkt het meteen weer door de klas.

Juf Brakel slaat met haar liniaal op tafel. 'Zijn jullie helemaal gek geworden?' Ze grist de mondsluiter uit Thijs' hand en doet hem voor.

Hatsjoe, hatsjie, hatsjoe... Juf Brakel loopt rood aan. Het lijkt wel of het niezen nooit meer wil stoppen. Zelfs als ze de mondsluiter afdoet gaat het genies nog door. Al niezend doet ze de deur van de klas open. 'Van Dongen! Hatsjoe... Hier, en snel!' klinkt het door de gang.

'Af, die mondsluiters!' roept ze en ze loopt langs de rijen en haalt ze allemaal op.

'Wat kan ik voor u doen, mevrouw?' vraagt meneer Van Dongen.

‘Breng die mondsluiters onmiddellijk terug naar de wolwinkel en zeg dat het een schande is en dat we ons geld terug willen hebben. Dat ik anders de politie op ze afstuur.’

‘Goed, mevrouw,’ zegt de conciërge haastig.

‘Van Dongen!’ roept ze. ‘Hatsjie... Vertel ze maar dat ze van mij nog een schadeclaim aan hun broek krijgen. Zijn ze helemaal gek geworden. Hatsjoe!’ Woedend loopt ze de klas uit.

De leerlingen juichen zachtjes, zodat Braaksel het niet hoort. Daan en Bram kijken naar Zoë en Anna, en wijzen met een stralend gezicht op hun wang.

‘Jaaaa! Een kus!’ roept Lotte lachend.

Terwijl Lotte, Thijs en Milou op Thijs’ kamer een plan bedenken, crost Lucas het bospad op. Hij wil nog één poging doen om te kijken of hij contact kan maken met het kompas. Hij smijt zijn fiets neer, haalt de sleutel onder de steen vandaan en maakt de deur open.

Maar wat is hier gebeurd? Met open mond kijkt hij naar de vloer die bezaaid is met papieren, laden die openstaan. Doppen van flessen die op de grond liggen. Wie heeft dit gedaan? Wie is hier binnen geweest? Hebben ze iets meegenomen? Hij zoekt tussen de papieren, maar hij ziet zo snel niet iets wat mist. De spullen die uit de kast komen lijken er ook nog allemaal te zijn.

De computer, denkt hij ineens. Hij gaat achter de computer zitten, maar er is niemand in de computer geweest. Misschien waren het kinderen die het laboratorium hebben ontdekt en hebben ingebroken en alles op de grond gesmeten. Het kan dat ze zich ergens hebben verstopt in de struiken en zich nu rot lachen. Behalve de troep valt het verder wel mee. Hij sluit de computer af.

Maar dan valt zijn oog op de lege plek aan de muur. Hij duikt onder het bureau, maar er ligt niets. Het document met de precieze aanwijzingen hoe je met het kompas iemand kunt laten verdwijnen... Iemand heeft het meegenomen. Waarom heeft hij het daar ook laten hangen? Dat had hij nooit mogen doen. Hij moet het de anderen vertellen. Zo snel hij kan verlaat hij het lab, stapt op zijn fiets en racet naar Thijs' huis.

Zodra Lucas er is, rent hij de trap op en gooit Thijs' kamerdeur open.

'Er is iets verschrikkelijks gebeurd!' roept hij.

'Wat is er aan de hand?'

'Het is weg!' zegt Lucas, die met moeite een woord kan uitbrengen. 'Het is mijn schuld! Ik had het daar ook weg moeten halen.'

'Waar heb je het over?' vraagt Lotte.

'Iemand heeft het document uit het laboratorium gejat.'

‘Toch niet het papier waarop de gebruiksaanwijzing voor het kompas staat?’ vraagt Thijs geschrokken.

‘Jawel!’ Lucas vertelt dat alles uit de kast en de laden op de grond lag. ‘Ik dacht eerst nog dat er kinderen binnen waren geweest, maar wat moeten kinderen met dat document?’

‘Die hadden waarschijnlijk eerder iets anders meegenomen,’ zegt Thijs. ‘Wie heeft er nou belang bij een volgeschreven vel papier?’

‘Wie denk je?’ zegt Lotte. ‘De dief van het kompas natuurlijk.’

Daar had Lucas nog niet eens aan gedacht. ‘Nu kan die dief dus mensen laten verdwijnen!’

‘En dat is precies wat de uitvinder niet wilde,’ zegt Thijs.

Lucas slaat zijn handen voor zijn gezicht. ‘Ik voel me zo schuldig.’

‘Jij bent niet schuldig,’ zegt Milou. ‘Er is bij jullie ingebroken. Daar kun jij toch niks aan doen?’

‘Hoe is die dief eigenlijk binnengekomen?’ vraagt Thijs. ‘Heeft hij de deur ingetrapt?’

‘Niet door het raam?’ zegt Lotte. ‘Dat raampje kun je met een koevoet zo open krijgen.’

Lucas schudt zijn hoofd. ‘Ik zag helemaal geen sporen van braak.’

‘Dat moet toch wel,’ zegt Milou. ‘Die dief had toch geen sleutel?’

‘De sleutel ligt altijd onder een steen,’ zegt Lucas.

‘Iemand heeft je bespied,’ zegt Milou. ‘Dat moet wel.’

Lotte en Thijs zeggen alle twee hetzelfde: ‘Alie Cyaankali.’

‘Zij weet van het laboratorium,’ zegt Lotte. ‘Ze heeft je vast een keer de sleutel onder de steen zien leggen.’

‘Dat betekent dat zij ook de dief is van het kompas,’ zegt Lucas.

‘Zij weet toch ook dat het lab eerst van een uitvinder was.’

‘Hoe ziet Alie Cyaankali er eigenlijk uit?’ vraagt Milou. Ze denkt aan de foto die ze door de verrekijker zag toen die rechercheur hem aan haar vader liet zien.

‘Ze draagt heel stomme ouderwetse kleren,’ zegt Thijs. ‘En ze heeft heel gemene ogen.’

Dat klopt, denkt Milou blij. De zogenaamde oude vrouw op de foto had ook heel gemene ogen. Maar dat vertelt ze natuurlijk niet.

‘We weten nu dus wie de dief is,’ zegt Thijs. ‘Jammer genoeg kunnen we er niet mee naar de politie.’

‘Nee,’ zegt Lucas, ‘we hebben het kompas nodig. En dat gaan we nu zoeken... in het huis van Alie Cyaankali.’

Met z’n vieren fietsen ze naar het huis van Alie.

‘Ik ga wel naar binnen,’ zegt Lotte als ze vlakbij zijn en hun fiets in de struiken verstoppen. ‘Jullie houden de wacht. Ik kijk eerst of er niemand is.’

Ze loopt naar het huis van Alie. Stel je voor dat ze straks naar buiten komt met het kompas. Dan zijn ze binnenkort van Braaksel af. En dan komt de vader van Milou tenminste weer vrij.

Heel voorzichtig duwt Lotte het hek een stukje open en sluipt de tuin in. Bij het raam bukt ze. Ze spitst haar oren, maar ze hoort niets.

Ze gluurt door het raam het huis in. In de kamer is niemand. Als ze zeker weet dat de kust veilig is, gaat ze terug.

Ze steekt haar duim op. Thijs glipt door het hek en loopt naar haar toe. Hij gaat onder het wc-raampje staan.

Lotte klimt op zijn schouders, trekt zich op en laat zich door het raampje naar binnen glijden. Zodra ze binnen is, wenkt Thijs de anderen. Ze verstoppen zich in Alies tuin achter een struik. Hun hart bonst in hun keel. Het is ook zo spannend. Als het daarbinnen maar goed gaat, denken ze alle drie.

Thijs houdt het huis in de gaten, maar ook het bospad. Misschien is Lotte pas 2 minuten binnen, maar het lijkt wel een uur. Hij tuurt over het bospad en dan gaat er een schok door hem heen. Is dat Alie? Hij kijkt nog eens goed en dan weet hij het zeker.

‘Ze komt eraan!’ sist hij.

Wat moeten ze? Lotte is binnen.

‘Leid haar af!’ fluistert Lucas tegen Milou. ‘Jou kent ze niet.’

Milou twijfelt geen moment en sluipt snel richting Alie.

Lucas gaat onder het wc-raampje staan. Thijs klimt op zijn schouders. ‘Lotte!’ roept hij naar binnen. ‘Alie komt eraan.’

Milou stapt op Alie Cyaankali af.

‘Mevrouw, mag ik u iets vragen? Ik denk dat ik verdwaald ben.’

‘Wat heb ik daarmee te maken, onnozel wicht. Dan had je op moeten letten met je stomme kop.’ Ze duwt haar opzij en wil doorlopen.

‘Help!’ Milou gaat weer voor Alie staan. ‘Ik smeek u, helpt u mij alstublieft. Ik woon hier nog maar net en ik

weet niet hoe ik naar huis moet. Straks wordt het donker en dan...'

'Hou maar op met je gejank. Waar moet je heen, troela? Snel een beetje, ik heb geen jaren de tijd.' Milou geeft Alie een vals adres. 'Aha, je woont in het centrum,' snauwt Alie. 'Dan mag je wel een tijdje lopen, sukkel. Die kant moet je op.' Ze wijst expres de verkeerde kant op. 'Prettige wandeling, tuttebel!' roept ze en ze loopt grinnikend door.

'Snel!' zegt Lucas die ziet dat Alie doorloopt naar de voordeur.

Thijs sleurt Lotte nog net op tijd de struiken in.

19

'Alie zal wel meteen naar me toekomen met haar zogenaamde verrassing,' zegt juf Brakel grinnikend. 'Maar ik zal die verrotte gifmengster zelf verrassen.' Ze gaat voor het raam zitten met het kompas in haar hand, klaar om Alie Cyaankali te laten verdwijnen. Even wordt ze onzeker, kent ze de aanwijzingen van het kompas wel uit haar hoofd? Er mag niks fout gaan. Voor de zekerheid leest ze de gebruiksaanwijzing op het vel papier nog een keer. Ze herhaalt wat ze moet doen nu zonder papier en legt het weg. Ze houdt het kompas in haar hand, net zo lang tot het begint te gloeien en rood wordt. Dan houdt ze haar hand erboven, drie rondjes naar links en drie rondjes naar rechts. Prima, ze weet precies wat ze moet doen. Alleen nog de wijzer naar Alie richten, dan een keer naar rechts draaien en 'plof!' zeggen en weg is ze. Of was het 'ploef'? Ze kijkt weer op het papier. Het was inderdaad 'ploef'.

Ze durft niet bij het raam vandaan te gaan, die beschimmelde aardappel kan er elke minuut aankomen.

Maar het is al bijna avond als Alie nog steeds niet is langsgekomen. 'Waar blijf je, opgeblazen kikker?' moppert ze. 'Je had toch een verrassing voor me, of durf je niet meer?'

Wat moet ze nou? Ze kan toch niet de hele nacht wakker blijven? Morgen moet ze weer vroeg op om die rotkinderen de stuipen op het lijf te jagen, dan moet ze wel fit zijn. Ze neemt zich voor niet te gaan slapen. 'Van die stinkstok kun je alles verwachten,' mompelt ze.

Het is al elf uur als ze nog steeds met het kompas in haar hand in de kamer zit. Ineens wordt ze heel moe. Ik ga naar boven, denkt ze. Ze gaat niet slapen, alleen maar even liggen. Het kompas legt ze naast haar kussen. Het duurt maar heel even en dan vallen haar ogen toch dicht.

Midden in de nacht komt Alie Cyaankali op haar bakfiets aanfietsen. Op de bakfiets staat een betonmolen. Onder een lantaarnpaal, voor het hek van juf Brakels huis zet ze de betonmolen neer. Ze draait eraan. 'Yes!' Ze grinnikt als het cement eruit komt. Ze schept het in de emmer en rent ermee naar het raam van juf Brakel. Ze moet snel zijn, want ze heeft expres snelwerkend cement gekocht. Ze smeert de ramen dicht. Ze redt het om drie ramen dicht te smeren en dan rent ze terug. Opnieuw draait ze aan de betonmolen en vult de emmer.

Het is een heel werk, maar na een uur kijkt ze stralend naar het huis van juf Brakel. Alle ramen zijn dichtgesmeerd en de keukendeur en de tuindeur. Nooit krijgt ze die meer open. Nu alleen de voordeur nog en dan zit haar liefste vriendin gevangen, net als zij gevangenzat. Want één ding weet Alie zeker: in de gevangenis zien ze haar niet meer terug.

Juf Brakel schrikt wakker. Wat hoort ze? Alie! denkt ze meteen. Wat is die gifkikker aan het doen? Ze grist het kompas van het bed en stormt de trap af.

Alie wil net beginnen met de voordeur als die wordt opengerukt.

'Jij smerig varken,' roept juf Brakel. 'Ik zal je krijgen met je verrassing. Ik heb zelf een nog veel mooiere verrassing voor je.' Ze kijkt of de wijzer al rood is. Dan beweegt ze haar handen eerst drie keer naar links en dan naar rechts.

'Wat doe jij?' roept Alie. Ze schiet naar voren en grijpt juf Brakels hand. Maar juf Brakel deinst achteruit en richt het kompas op Alie. Dan draait ze naar rechts en zegt ze 'plof!'.

'Het is gelukt!' roept ze blij wanneer ze Alie niet meer ziet. Ze loopt een stukje verder naar buiten om zeker te zijn dat Alie er niet meer is.

Maar dan hoort ze opeens geroep. 'Help!' klinkt Alies stem. Die lijkt van binnen te komen. 'Waar ben ik gebleven? Ik kan mezelf niet meer zien! Jij vals monster, je hebt me onzichtbaar gemaakt. Tover me terug, valse slang!'

Juf Brakel hoort Alie binnen rennen, snelt erachteraan, maar ziet haar niet. Angstig kijkt ze naar een keukenkastje dat opengaat. En dan komt er een zwevende koekenpan op haar af.

'Nee!' gilt ze. Maar de koekenpan slaat op haar hoofd.

'Au, mijn arme hoofd!' gilt juf Brakel. 'Hou daarmee op.'

'Tover me dan terug!' krijst Alie.

Juf Brakel deinst achteruit en ziet een schoen door de keuken vliegen. Hij komt keihard tegen haar neus aan. Ze krimpt in elkaar. Hoe kan het, kermt ze, hoe kan het dat Alie niet helemaal is verdwenen? Ze is alleen onzichtbaar geworden.

Juf Brakel rent rondjes door de kamer. *Pats*, dan knalt er weer een stoel tegen haar aan. Daarna vliegen er een

voor een boeken tegen haar hoofd. Vazen, fotolijstjes, alles krijgt ze naar haar hoofd. Haar hele huis verandert in een chaos. Nu ziet ze de keukenschaar op zich afkomen.

‘Ik zal die vieze schimmelkop van je kaalknippen!’ klinkt Alies stem.

‘Nee!’ Juf Brakel rent de kamer uit met haar handen op haar hoofd. Maar de schaar volgt haar.

Ze vlucht de wc in en draait de deur op slot. ‘Hoepel op, jij!’ roept ze.

'Van mij kom je nooit meer af. Overal waar je heen gaat zal ik je blijven achtervolgen. Ook op die misselijke school van je. Net zo lang tot je me weer terug hebt getoverd, vieze pissebed!'

Juf Brakel rilt bij de gedachte dat ze Alie Cyaankali voorgoed achter zich aan heeft, waar ze ook heen gaat. Ze wil niets liever dan Alie zichtbaar maken. Maar ze weet niet hoe...

Terwijl Alie de wc-deur probeert te forceren, denkt ze aan de aanwijzingen en dan weet ze ineens hoe het komt dat Alie niet echt is verdwenen. Ze heeft toch per ongeluk 'plof' gezegd in plaats van 'ploef'! Misschien helpt het als ze het nog een keer doet maar dan goed. Ze hoort dat Alie een koevoet tussen de wc-deur duwt en wrikt. Snel denkt ze. Ze wacht tot de wijzer van het kompas rood is, draait eerst drie keer naar links en dan naar rechts. De wc-deur kraakt en dan wordt hij opengetrokken.

Juf Brakel richt pijlsnel het kompas op de koevoet in Alies handen. Ze draait naar rechts en zegt 'ploef!'. Ze schreeuwt het bijna uit. Met een klap valt de koevoet op de grond. Vol spanning blijft juf Brakel staan. Alies stem hoort ze niet meer. Is dit een val? Ze durft het niet te geloven, maar als ze de wc uit komt ziet ze dat de voordeur is opengewaaid. In de boom hangt een schoen van Alie.

'Ze is weg,' zegt ze hardop. 'Ze is weg!' Van opluchting schreeuwt ze het uit. 'Het is gelukt, ik ben voorgoed van die smerige kakkerlak verlost!'

20

'Na school gaan we weer naar het huis van Alie,' zegt Lotte als ze de volgende dag in de pauze met z'n vieren bij elkaar staan. 'We moeten het kompas vinden.'

'En als ze thuis is?' vraagt Lucas.

'Dan hebben we pech,' zegt Lotte.

Lucas ziet dat Milou weer op haar mobiel kijkt.

'Wat zoek je toch?' vraagt hij.

'Ah niks,' zegt Milou. 'Ik check het nieuws. Elke keer hoop ik op een politiebericht dat ze de echte dader hebben gevonden.'

'Moet je dit nu horen!' roept ze uit. 'Oproep van de politie: wie heeft deze vrouw na gisterenmiddag nog gezien?'

Ze houdt haar mobiel omhoog zodat ze de foto allemaal kunnen zien. 'Dat is Alie Cyaankali!'

Opgewonden lezen ze het bericht.

'Ze is verdwenen!' leest Milou. 'Ze had verlof voor een begrafenis en ze moest zich 's avonds voor achten in de gevangenis melden. Ze is niet teruggekomen. De politie heeft vanochtend navraag gedaan. Maar tot op heden zonder resultaat.'

'Die is gevlucht,' zegt Thijs.

Ze kijken elkaar aan. 'Met het kompas!' zeggen ze alle vier tegelijk.

Juf Brakel straalt als ook zij het bericht in de krant leest.

Ze kust het kompas. 'Wat ben ik blij met jou! Je weet niet hoe erg je mij hebt geholpen. Ik weet nu hoe je werkt, lief kompasje. Maar we zijn er nog niet. We hebben nog veel meer te doen. In de gevangenis zit nog zo'n stinkdier. Greta Granaat. En daar moet ik ook vanaf, als die vrijkomt hakt ze me in stukken. En daarna, als dat verrotte stinkdier van de aardbodem is verdwenen, dán begin ik aan mijn meesterwerk: die rotkinderen. Een voor een zal ik ze laten verdwijnen. Waar en hoe dat weet ik nog niet precies. Maar nu eerst mijn lieve vriendin Greta Granaat.'

Wanneer de school uit is, staat juf Brakel voor de gesloten deur van de gevangenis.

'Daar gaan we,' zegt ze in zichzelf grinnikend. Ze belt aan.

De deur gaat open. Er verschijnt een glimlach op het gezicht van de portier. 'Bent u niet...?'

'Inderdaad, dat ben ik,' zegt juf Brakel met een suikerzoete stem. 'De liefste juf van de provincie.'

'Dan zag ik het toch goed,' zegt de portier. 'Maar waar komt u voor?'

'Ik heb gelezen dat Alie Cyaankali wordt vermist.'

'Ja, dat is verschrikkelijk. We hadden haar nooit met verlof mogen laten gaan. We hadden het nog over u. U hebt uw leven gewaagd om die twee vrouwen achter slot en grendel te krijgen en wij hebben er één weg laten lopen. U zult wel heel boos op ons zijn. Ik bied u mijn nederige excuses aan, ook namens de directie.'

'Dat is inderdaad een heel grote fout,' zegt juf Brakel. 'Dit plan hebben de twee *sisters in crime* natuurlijk samen beraamd. Ik weet zeker dat Greta Granaat weet waar ze naartoe is gevlucht.'

'Daar hebben we natuurlijk meteen aan gedacht,' zegt de portier, 'maar mevrouw Granaat beweert dat ze er niets van weet.'

'Ik denk dat ik het er wel uit krijg,' zegt juf Brakel.

'Dat zou geweldig zijn,' zegt de portier. 'Ik moet wel even aan de directeur vragen of u bij haar mag, een ogenblikje.'

Hij belt met de directeur.

'De directeur is zeer vereerd dat u ons weer een dienst wilt bewijzen,' zegt hij na het telefoontje. 'Ik breng u naar de ontvangstkamer voor bezoek. Na afloop komt hij bij u.'

Het duurt even, maar dan wordt Greta Granaat door een bewaker binnengebracht. Ze kijkt juf Brakel vuil aan.

'Misschien wilt u ons even alleen laten?' zegt juf Brakel tegen de bewaker.

De bewaker wijst op de rode knop en verlaat het kamertje.

'Wat kom jij hier doen, wrattenzwijn!' snauwt Greta. 'Jij zit achter de verdwijning van Alie. Ze ging naar jou toe. Ze wilde met je afrekenen omdat je ons voor je eigen gluiperige daden hebt laten opdraaien. Voor de tweede keer, monster dat je bent. Wat heb je met Alie uitgespookt?'

'Ik had haar inderdaad verwacht na die allervriendelijkste brief. Ik was zo blij dat jullie me hebben vergeven. Ik ben expres thuisgebleven om de verrassing in ontvangst te nemen. Je mag het gerust weten. Ik heb haar lievelingstaart gebakken, maar... geen Alie.'

'Je liegt! Je hebt haar waarschijnlijk de lucht in geschoten. En ik wil nu dat je opdondert. Bewaker!' roept ze. 'Breng me naar mijn cel terug.'

De bewaker komt aangesneld, hij neemt Greta mee en gebaart dat juf Brakel even moet blijven zitten.

Ook dat nog, moet ik nog wachten op die sukkel van een gevangenisdirecteur ook, denkt ze.

'Heeft ze iets losgelaten?' vraagt de directeur als hij binnenkomt.

'Jazeker,' zegt juf Brakel. 'Het is me gelukt. Ik heb belangrijke informatie voor u. Het heeft geen zin heeft om Alie Cyaankali te zoeken. Volgens haar beste vriendin Greta Granaat zit ze al hoog en droog in Brazilië. Ze heeft daar hulp bij gekregen. Alles was voor haar geregeld. En het plan is dat Greta Granaat daar binnenkort ook heen gaat.'

'Ze hoeft niet te denken dat wij nog een keer zo dom zijn iemand met tijdelijk verlof te sturen,' zegt de directeur. 'Dat we Alie Cyaankali kwijt zijn is al erg genoeg, maar Greta Granaat zal haar straf uit moeten zitten.'

'Dan zult u onmiddellijk maatregelen moeten treffen.

Het schijnt dat een van de bewakers heeft meegewerkt aan de verdwijning en het plan is dat hij dat ook bij Greta zal doen.'

'Een van mijn bewakers deugt dus niet,' zegt de directeur verschrikt. 'Dit is afschuwelijk! Is er nog een naam genoemd?'

'Helaas niet.'

'Dank u wel. Dank u wel voor deze waarschuwing, ik moet dit onmiddellijk aan het bestuur melden.'

De directeur geeft juf Brakel een hand en vertrekt dan snel.

De bewaker komt binnen. 'Ik zal u naar buiten begeleiden.'

'Weet u dat ik niet kan geloven dat iemand zo slecht is?' zegt juf Brakel. 'Vindt u het goed als ik haar nog een keer in de ogen kijk? Alleen maar om mezelf te overtuigen.'

'Ik denk niet dat daar iets op tegen is. Volgt u mij maar.'

Juf Brakel loopt achter de bewaker aan de trap op. In haar zak houdt ze haar hand om het kompas. Als ze voelt dat het begint te gloeien wrijft ze onder haar jas drie keer naar links en drie keer naar rechts.

'De tweede cel is van mevrouw Granaat,' zegt de bewaker.

Braaksel doet het schuifje dat voor het raampje zit open.

De bewaker gaat beleefd met zijn rug naar haar toe staan. Ze richt het kompas door het raampje in de deur op Greta, wrijft naar rechts en zegt zachtjes 'Ploef!' De bewaker draait zich om, maar het kompas zit al onder haar jas.

'Zei u iets, mevrouw Brakel?'

'Ja, ik zei "oef". Die wrede blik in haar ogen… Ik ben nu volledig overtuigd, dank u wel. Deze vrouw is in- en inslecht.'

Milou fietst naast haar moeder naar de gevangenis. Straks zie ik papa, denkt ze wanneer ze er bijna zijn. Wie had nou kunnen denken dat ze haar vader ooit in de gevangenis zou moeten opzoeken. En die gluiperige Alie Cyaankali loopt gewoon vrij rond met het kompas.

Milous moeder zet haar fiets voor de gevangenis in het fietsenrek. 'Wanneer jij straks bij papa bent, heb ik een gesprek met papa's advocaat.'

'Oké.' Milou trilt als ze naar binnen loopt. Haar moeder praat met de bewaker. Milou kijkt rond. Ze is nog nooit in een gevangenis geweest. Overal ziet ze ijzeren deuren. Achter een van die deuren zit haar vader.

'Dus jij mag je vader zien?' De bewaker brengt haar naar het ontvangstkamertje. Milou voelt haar buik samenkrimpen. De deur gaat open. Een bewaker brengt haar vader naar binnen. Milou springt op en rent in zijn armen. De hele weg wist ze precies wat ze zou zeggen, maar nu kan ze alleen maar huilen. Ze kijkt haar vader aan en ziet dat er ook tranen over zijn wangen lopen. Hij drukt haar tegen zich aan.

'Het komt goed, lieve schat,' zegt haar vader. 'Nu duurt het niet meer zo lang en kom ik snel weer thuis.'

'Het is zo gemeen,' zegt Milou als haar vader tegenover haar zit. 'Jij zit hier en de dief die het kompas heeft gestolen, is ervandoor.'

'Over die dief is helaas nog niets bekend,' zegt haar vader.

'Ik weet wie het heeft gedaan,' zegt Milou. 'Een heel gemeen mens, Alie Cyaankali heet ze.'

'Alie Cyaankali?' zegt haar vader. 'Nee, die kan het niet zijn geweest.'

Milou staat op en pakt haar vaders gezicht tussen haar

handen. ‘Ze heeft het wel gedaan, pap, je moet me geloven.’

‘Ik weet helemaal niet hoe je hierbij komt,’ zegt haar vader. ‘Want ik weet zeker dat Alie Cyaankali hier gewoon gevangenzat toen het kompas is gestolen.’

Milou kijkt hem verbaasd aan. Als dat zo is… dan kan Alie het niet gedaan hebben, maar wie dan wel? ‘Ik dacht dat ik wist wie die dief is,’ zegt ze verdrietig.

‘Luister, lieve schat,’ zegt haar vader. ‘Ik vind het heel lief van je dat je de dief wilt vinden, maar je kunt het beter aan de politie overlaten. Het is veel te ingewikkeld.’

‘Ik mis je zo.’ Ze begint weer te snikken. ‘Ik wil dat je thuiskomt, daarom wil ik die dief vinden.’

Haar vader pakt haar hand. ‘Ik mis jou ook, lieve schat, maar heb er maar vertrouwen in dat het goed komt.’

Ze kijkt naar haar vader. Je zegt het alleen om mij moed in te spreken, denkt ze. Hij is zelf ook ongerust, ze ziet het aan zijn ogen. Hij lacht met zijn mond, maar zijn ogen staan heel treurig.

21

Milou zit verdrietig op haar bed. Ze wisten zeker dat Alie Cyaankali het kompas had gestolen. Ze denkt aan de inbraak in het laboratorium en het waardevolle papier dat gestolen is. Dat moet Alie toch zijn geweest? Die wist van de sleutel onder de steen. Maar dat kon ze haar vader niet vertellen, het laboratorium is geheim. Ze wil het vertrouwen van haar vrienden niet beschamen. Maar als het waar is wat haar vader zegt, dat Alie Cyaankali in de gevangenis zat die dag, dan klopt het weer niet.

Ze heeft haar gezien. Ze heeft zelfs met haar gepraat op het bospad. Toen stuurde dat gemene mens haar nog de verkeerde kant op.

Dan bedenkt ze opeens iets. Dat ze daar niet eerder aan heeft gedacht. Ze pakt haar verrekijker en denkt aan Alie Cyaankali. Ze wacht tot ze Alie ziet, maar er gebeurt helemaal niets. Hoe kan dat nou? Heeft ze iets verkeerd gedaan? Opnieuw roept ze het beeld van Alie op. Ze weet nog precies hoe ze eruitzag met die gemene ogen.

Maar weer gebeurt er niets. Milou begrijpt er niks van. Dit is voor het eerst sinds ze de verrekijker heeft dat ze de persoon aan wie ze denkt niet ziet. Ze ziet ook niets anders. Het blijft leeg, alsof ze is verdwenen... Ineens weet ze het: Alie is verdwenen. En dat kan alleen maar door het kompas komen. Toch? Iemand heeft Alie laten verdwijnen. Maar wie?

Dit moeten de anderen weten, denkt ze. Ze springt op om naar hen toe te gaan. Maar dan bedenkt ze dat ze in het laboratorium zijn. En ze weet helemaal niet waar dat is. Dan moet het maar wachten tot morgen.

Maar het zit haar toch niet lekker, dus haalt ze haar mobiel uit haar zak. Gelukkig heeft ze het nummer van Lucas.

'Lucas, met Milou. Ik moet jullie iets belangrijks vertellen,' zegt ze als Lucas opneemt.

'Kom snel hierheen dan,' zegt Lucas.

'Ik weet niet waar het laboratorium is.'

'O, eh... natuurlijk niet, wat dom van me.' Hij vertelt haar hoe ze er moet komen.

Zodra Milou aan komt fietsen, doet Lucas de deur van het laboratorium open. 'Super, je hebt het gevonden.'

'Wat een toffe plek is dit,' zegt Milou. Ze kijkt verrast rond als ze binnen is. 'Wauw! Echt vet. Zijn al die flessen van jou?'

'Nee,' zegt Lucas lachend. 'Dit is het zomerhuis van mijn opa, de flessen zijn nog van hem. Maar je had iets belangrijks te vertellen. We zijn hartstikke benieuwd.'

'Ik mocht toch naar mijn vader,' begint Milou. Er springen meteen weer tranen in haar ogen. Voordat ze echt begint te huilen zegt ze: 'Alie Cyaankali heeft het kompas niet gestolen.'

'Huh, hoezo niet?' Hun monden vallen open.

'Hoe weet je dat?' vraagt Lotte.

'Van mijn vader,' zegt Milou. 'Mijn vader heeft gehoord

dat Alie de dag van de diefstal in de gevangenis zat. Ze kan het dus niet hebben gedaan.'

Lotte, Thijs en Lucas kijken elkaar geschrokken aan. 'Dus we hebben achter de verkeerde aan gezeten?'

'Maar wacht even,' zegt Lucas. 'Hoe weet jouw vader dat? Op de dag van de diefstal zat hij zelf nog niet in de gevangenis.'

'Hij zei dat hij het zeker wist, dus ik geloof hem,' zegt Milou.

'En de sleutel dan en het waardevolle papier dat is gestolen?' zegt Lucas.

'Er moet nog iemand zijn die weet dat die sleutel onder de steen ligt,' zegt Milou. 'Maar Alie kan het niet zijn geweest.' Ze weet het bijna zeker. Niet alleen omdat haar vader zei dat Alie op het moment van de diefstal vastzat, maar ook omdat ze haar niet kan zien door haar verrekijker. Als ze was gevlucht zou ze haar wel kunnen zien. Maar nu gebeurde er helemaal niets toen ze aan Alie dacht. Het lijkt erop dat ze is verdwenen. Je kunt jezelf niet laten verdwijnen. Iemand anders moet dat hebben gedaan. De persoon die het kompas heeft. Kon ze hun dat maar vertellen… maar ze wil niet nog een keer uitgelachen worden. Ze komt nog steeds kinderen tegen in de buurt die knikkerkusser naar haar roepen.

'Luister,' zegt ze. 'Ik weet het echt zeker. Jullie moeten me geloven. Alie Cyaankali heeft het niet gedaan.'

Ze zien aan Milou dat ze het meent.

'Ik geloof je wel,' zegt Lotte. 'Maar hoe weet je het zó zeker? Alleen omdat je vader het zegt?'

Milou slaat haar ogen neer. 'Niet alleen daarom, er is nog een andere reden waarom ik het zeker weet. Maar dat kan ik jullie niet vertellen. Dat heeft met mijn geheim te maken.'

'Wil je het ons echt niet vertellen?' vraagt Thijs. 'Je kunt ons vertrouwen.'

Milou aarzelt. Zal ze het vertellen? Nee, ze durft het toch niet. 'Sorry,' zegt ze beslist, 'ik verraad mijn geheim niet.'

'Ook niet als we zweren dat we het tegen niemand zeggen?' vraagt Lotte.

Lucas ziet dat Milou het moeilijk vindt. 'Laten we er maar over ophouden,' zegt hij. 'Je hoort toch dat ze het niet wil vertellen. Laten we aan ons plan werken. Als Alie Cyaankali het kompas niet heeft gestolen, wie heeft het dan wel gedaan? Eigenlijk is het goed nieuws. Want Alie Cyaankali is dus zonder kompas gevlucht. Het kompas moet dan nog bij de echte dief zijn, dus kunnen we het misschien toch nog te pakken krijgen.'

'Ja,' zegt Milou. 'Daarom ging ik meteen naar jullie toe. Ik dacht: ze moeten weten dat we het kompas nog kunnen vinden.'

'Supertof van je,' zegt Lucas.

'Hoezo tof?' zegt Lotte. 'Je geheim wil je niet delen. Ik vind het toch een beetje... Laat maar.'

'Zeg het maar,' zegt Milou.

'Een beetje vals,' zegt Lotte.

'Dat vind ik eigenlijk ook,' zegt Thijs.

Milou springt op en loopt kwaad naar de deur. 'Als jullie zo over me denken, heb ik geen zin meer om met jullie in een team te zitten. Ik trek mijn eigen plan wel.' Ze doet de deur open en slaat hem met een klap achter zich dicht.

Buiten barst ze in snikken uit. Ze loopt over het bospaadje en gaat een eindje verderop op een grote steen zitten. Nu heeft ze ruzie, alleen maar door die stomme verrekijker. Ze was juist zo blij met haar nieuwe vrienden. Had ze die verrekijker maar nooit gekocht...

Milou schrikt op van de stem van Lucas. 'Hé, je hoeft niet zo verdrietig te zijn.'

'Ze willen eigenlijk helemaal niet dat ik in het team zit,' snikt Milou. 'En dat snap ik ook wel. Wat moeten ze met zo'n stom kind...'

'Milou,' Lucas gaat naast haar zitten en slaat een arm om haar heen. 'Je bent helemaal niet stom, je bent juist hartstikke leuk. Ik vond je meteen leuk toen ik je zag.'

'Meen je dat echt?' vraagt Milou. 'Ik vond jou ook meteen leuk,' zegt ze wanneer Lucas knikt. Ze kijken elkaar aan en dan schieten ze in de lach.

'Ik vind het heel erg voor je dat je vader in de gevangenis zit,' zegt Lucas. 'Ik wil je heel graag helpen. Je vroeg toch aan me waarom ik de dief wilde vinden en toen zei ik dat het mij om het kompas gaat, omdat het magisch is?'

'Is het dan niet magisch?'

'Jawel,' zegt Lucas. 'Maar nu vind ik het nog belangrijker dat we de dief vinden, zodat je vader vrijkomt.'

'Wat lief van je,' zegt Milou.

Lucas knijpt zachtjes in haar schouder.

Milou kijkt in zijn ogen. Wat fijn dat hij haar wil helpen.

'Weet je,' zegt Lucas, 'ik zal je ons geheim vertellen. Wij hebben het kompas heel hard nodig en weet je waarvoor? We willen iemand laten verdwijnen, en dat kan alleen met het kompas. Een heel gemeen mens, iemand die heel erge dingen doet.'

Milou kijkt hem aan. 'Is het... Is het...?' Ze durft het haast niet te zeggen. 'Is het Braaksel?'

Lucas knikt. 'Ik wil je over alles vertellen wat ze heeft gedaan. Dat wil ik al een tijdje. Ik wil geen geheim voor jou hebben. Wil je het weten?'

Milou knikt. Ik heb wel een geheim voor jou, denkt ze. Dat is niet eerlijk. En ineens weet ze dat ze het Lucas wil vertellen.

'Ik wil jou ook iets vertellen,' zegt ze. 'Maar je mag het tegen niemand zeggen, oké?'

'Ik zweer dat ik het aan niemand vertel.' Lucas steekt twee vingers omhoog.

Milou buigt zich naar Lucas toe, zodat niemand kan horen wat ze zegt. 'Ik weet waarom Alie Cyaankali het nooit kan hebben gedaan.' Ze vertelt het verhaal van de verrekijker. 'Ik kan aan iemand denken en als ik dat een tijdje doe, kan ik door de verrekijker zien waar die persoon mee bezig is. Dat heb ik ook bij Alie Cyaankali gedaan nadat ik van mijn vader terugkwam, omdat ik meer over haar wilde weten.'

'En toen?' fluistert Lucas.

'Toen gebeurde er niets. Ze was er niet meer. Dat heb ik nog niet een keer gehad. Hij liet ook niets anders zien, het bleef gewoon leeg. Dat betekent denk ik dat ze dood is of...'

'... Verdwenen,' fluistert Lucas.

Milou kijkt hem aan. 'Je zult het wel raar vinden en daarom vertel ik het niemand.'

'Ik vind het helemaal niet raar,' zegt Lucas, die onder de indruk is. 'Ik vind het heel bijzonder. Mag ik die verrekijker zien?'

Milou knikt. Ze haalt de verrekijker uit haar tas en geeft hem aan Lucas.

'Wauw! Dat zo'n klein dingetje zoiets bijzonders kan. Misschien komt het wel door jou, dat alleen jij zoiets te zien krijgt.'

'Nee hoor, vast niet.' Milou lacht verlegen. 'Zo bijzonder ben ik niet.'

'Dat ben je wel.' Lucas kijkt haar aan en dan buigt hij naar voren en geeft haar een kus op haar wang.

Lotte en Thijs kijken door het raam van het laboratorium naar buiten. 'Merkte jij ook dat Lucas het steeds voor Milou opnam?' vraagt Lotte. 'Ik weet wel waarom,' zegt ze wanneer Thijs knikt.

'Ik ook,' zegt Thijs. 'Hij

denkt als ik een beetje slijm bij Milou, dan vertelt ze haar geheim aan me.'

'Ja, zoiets moet het zijn. Ze zitten nog steeds samen te praten.'

'Milou geeft haar geheim niet zomaar prijs,' zegt Thijs. 'Maar Lucas krijgt het voor elkaar, wedden? De slimmerik.'

'Milou had het net zo goed kunnen vertellen waar wij bij waren,' zegt Lotte. 'Nu krijgen we het toch te horen.'

'Ze snapt niet dat wij zulke goede vrienden zijn met z'n drieën,' zegt Thijs. 'Lucas vertelt het sowieso meteen aan ons.'

Af en toe kijken ze door het raam, Lucas en Milou zitten er nog steeds.

'Hèhè,' zegt Lotte als ze eindelijk opstaan. Ze zien dat Lucas Milou uitzwaait. Nu zal hij er zo wel aankomen. Ze gaan gauw bij het raam weg.

Lucas had nooit gedacht dat zo'n mooi en stoer meisje als Milou hem ook leuk zou vinden. Hij kan niet wachten het aan zijn vrienden te vertellen. Ze hebben vast al gemerkt dat hij haar leuk vindt.

Met een blij gevoel doet hij de deur van het laboratorium open.

'Goed dat je achter haar aan ging,' zegt Lotte.

'Aha, jullie hebben ons zeker gezien. Ik had het echt nooit gedacht,' zegt Lucas, die denkt dat ze het over hun verliefdheid hebben.

'Het is je gelukt,' zegt Lotte. 'Wij zijn heel benieuwd.'

'Het kostte helemaal niet veel moeite,' zegt Lucas. 'Het ging vanzelf.'

'Nou, je was wel lang weg.'

'Is dat zo? Weten jullie dat ik dat niet eens heb gemerkt.'

'Nou, krijgen we nog wat te horen?' zegt Lotte lachend.

'Ja,' zegt Thijs. 'Je maakt het wel extra spannend voor ons.'

'Wat willen jullie weten?'

'Haar geheim natuurlijk,' zegt Thijs. 'Wat anders?'

Ineens beseft Lucas dat het helemaal niet over Milou en hem gaat.

'Ik kan het niet vertellen,' zegt hij. 'Ik heb gezworen dat ik het aan niemand zou vertellen. Ook niet aan jullie. Maar ik weet nu wel waarom ze zo zeker weet dat Alie het niet heeft gedaan.'

'Alsof dat ons nog wat kan schelen.' Lotte springt op en gaat vlak voor Lucas staan. 'Wij zijn vrienden, weet je nog. We hebben elkaar gezworen dat we nooit een geheim voor elkaar zouden hebben.'

'Dat weet ik,' zegt Lucas, 'maar het is ook niet mijn geheim, het is Milous geheim. Jullie vonden het zelf goed dat ze een geheim had.'

Nu springt Thijs ook op. 'Maar het is toch niet eerlijk dat jullie samen iets weten wat wij niet weten? Jullie houden ons erbuiten, dat vind ik gemeen. Je moet het ons vertellen, anders...'

'Wat anders?' vraagt Lucas die nu ook kwaad wordt.

'Anders moet je kiezen,' zegt Lotte. 'Dan moet je kiezen tussen Milou en ons.'

Thijs knikt.

'Dit vind ik echt heel stom,' zegt Lucas. 'Wij zijn vrienden, weten jullie nog?'

'Maar je moet kiezen,' zegt Lotte. 'Nou? Voor wie kies je?'

'Moet dit nou echt?' probeert Lucas nog.

'Ja, dat moet,' zeggen ze alle twee.

'Oké, dan kies ik voor Milou.'

'Wat?!' Lotte en Thijs kijken Lucas woest aan.

'Dus jij laat ons stikken voor een meisje dat je nog maar net kent?' roept Lotte. 'Ze heeft je betoverd.'

Ze loopt naar de deur. Thijs loopt achter haar aan.

Lucas kijkt naar de deur die met een klap dichtslaat. Dit had hij nooit gedacht. Even hoopt hij dat ze terugkomen, maar dat gebeurt niet.

Woedend rijden Lotte en Thijs naar Thijs' huis.

'Die Milou is net een heks,' zegt Lotte. 'Ik had nooit gedacht dat Lucas zo dom was. Ze heeft hem echt betoverd.'

'Wij zijn er ook in getrapt,' zegt Thijs. 'Maar we hebben haar gelukkig niet over de geheime hut verteld.'

'Ik wil nooit meer iets met haar te maken hebben,' zegt Lotte.

'We zeggen nooit meer iets tegen haar,' zegt Thijs. 'En tegen Lucas ook niet.'

Maar als ze eindelijk op het vlot zitten, dringt het pas echt tot hen door wat er is gebeurd. Lucas, hun beste vriend, met wie ze zoveel hebben meegemaakt, zijn ze kwijt.

22

De hele avond heeft Milou aan Lucas gedacht, ze heeft zelfs over hem gedroomd. Ze heeft nog nooit een kus gekregen van een jongen, ook niet op haar wang. Fleur was ook heel blij voor haar toen ze het vertelde.

'Hoi!' zegt ze twijfelend tegen Lotte en Thijs wanneer ze het schoolplein op komt. Maar ze zeggen niets terug en draaien zich van haar af. Wat stom. Ze zijn blijkbaar nog steeds boos.

Lucas ziet haar en komt meteen naar haar toe.

'Hoi,' zeggen ze tegen elkaar. Van de spanning beginnen ze te grinniken.

'Wat is er met Lotte en Thijs?' vraagt Milou. 'Ze zeiden niks tegen me.'

Lucas slaat zijn ogen neer. 'Ik, eh... Ik wilde je gisteravond al bellen, maar ik dacht: ik kan het je beter vertellen als we elkaar op school zien. Het is een beetje anders gelopen dan ik dacht.'

'Hoe bedoel je?'

'Lotte en Thijs wilden per se je geheim weten.'

Milou schrikt. Lucas heeft haar geheim dus aan hen verteld, daardoor deden ze zo raar.

'Ik snap wel dat je het hebt verteld,' zegt ze.

‘Ik heb het niet verteld,’ zegt Lucas. ‘Daar zijn ze juist kwaad om. Ze zeiden dat ik moest kiezen tussen jou en hen.’

Dus nu ben ik Lucas ook kwijt, denkt ze.

‘Toen wist je natuurlijk wel wat je moest kiezen,’ zegt Milou. ‘Ik ben echt niet boos op je, hoor. Het zijn je beste vrienden, en mij ken je net.’

Lucas is zo opgewonden dat hij niet eens hoort wat ze zegt. ‘En toen heb ik natuurlijk voor jou gekozen.’

‘Meen je dat?’ Milou zou Lucas wel willen omhelzen, maar dat durft ze niet midden op het schoolplein.

‘Goede keus of niet?’ Lucas houdt zijn hoofd schuin.

Milou knikt stralend. ‘Maar je vrienden dan?’

Lucas haalt zijn schouders op. ‘Zij hebben mij laten kiezen, ik heb het niet bedacht.’

‘Maar het kan toch niet dat jij je vrienden kwijt bent door mij?’

‘Wat zou jij dan hebben gedaan?’ vraagt Lucas.

Milou draait verlegen haar hoofd weg. ‘Ik, eh... Ik zou ook voor jou hebben gekozen.’

Even weten ze alle twee niets te zeggen. Ze staan maar een beetje te grinniken.

Toe dan, denkt Lucas bij zichzelf. Wat sta je nou stom te ginnegappen. Vraag het dan.

‘Ik, eh...’ begint hij. ‘Wil je verkering met me?’

Heel graag, wil Milou zeggen. Maar ze wordt knalrood en kan geen woord uitbrengen.

‘Yes!’ roept Lucas blij als Milou knikt.

Juf Brakel staat voor het raam van haar kamer. Ze kijkt naar Lucas en Milou die bij elkaar staan. Zie je wel, denkt ze, die twee heb ik al eerder samen gezien. Die hoort er nu

DIPLOM
-J.Brak
DIRECTR

dus ook bij. 'Een zeer domme keus, meisje,' mompelt ze. 'Ik zal nu niet drie ellendige wichten moeten laten verdwijnen, maar vier.'

Tot nu toe is haar plan uitstekend geslaagd. De kranten staan vol van de verdwijning van Greta Granaat. Ze hebben het over een mysterieuze verdwijning. Gisteravond bij een talkshow hebben ze de gevangenisdirecteur nog geïnterviewd. Die sukkel gelooft inderdaad dat een van de bewakers achter de verdwijning zit.

Ze loopt bij het raam weg. 'Dit was alleen nog maar een voorproefje,' zegt ze hardop. 'Binnenkort komt het echte werk. Dan verdwijnen die vier misselijke schepsels in het niets.'

Ze kijkt weer naar buiten. Als ze zou willen, zou ze hen nu al kunnen laten verdwijnen. Maar dat doet ze niet. Ze wil er een echte feestdag van maken.

23

'Daar heb je Lucas,' zegt Lotte de volgende ochtend op weg naar school.

Thijs ziet het ook. Lucas fietst op de rotonde vlak bij school. Anders zouden ze altijd naar hem toe racen, maar nu blijven ze achter hem rijden.

'Raar, hè?' zegt Lotte. 'Ik mis Lucas nu al.'

'Ik ook,' zegt Thijs, 'maar hij heeft voor Milou gekozen.'

Bij het hek blijven ze staan. Juf Brakel staat midden op het schoolplein. Snel zetten ze hun fietsen weg en lopen naar de anderen.

'Onze koninklijke hoogheid gaat ons toespreken,' zegt Daan.

De conciërge komt aanhollen met een megafoon. Juf Brakel grist het ding uit zijn handen.

'Niemand gaat nog de school in,' buldert ze over het plein. 'Zonder te praten stellen jullie je allemaal in nette rijen op voor de kasteelmuur.'

De leerlingen van groep zeven kijken juf Evi aan, maar die haalt haar schouders op. 'Ik heb geen idee waar dit over gaat,' zegt ze.

Juf Brakel wacht tot iedereen klaarstaat en dan gaat ze met een gezicht als een oorwurm voor de poort van het kasteel staan.

'Bent u boos, juf Brakel?' roept Daan.

'Boos? Hoe kom je daarbij, jij nietsnut? Ik ben woedend. En hoe zou dat nou komen?'

'Omdat we zo goed ons best doen,' zegt Bram zachtjes. 'Nu heeft ze niets meer te mopperen.'

'Niemand schijnt het te weten. Ik heb de proefwerken bekeken en daar ben ik zeker niet over te spreken. Op deze manier worden wij nooit de beste school van het land. Ik wil dat jullie beter presteren.'

Ze wenkt Van Dongen.

Van Dongen holt naar binnen en komt terug met een enorme sleutel.

'Zien jullie deze sleutel? Die steek ik nu in dit slot.' Ze

draait de sleutel om. 'De poort naar het speelparadijs gaat pas weer open als ik op deze school geen enkele onvoldoende meer aantref.'

'Maar dat kan nooit!' roept iemand. 'Op elke school komen onvoldoendes voor!'

'Ik heb niets met andere scholen te maken!' buldert ze en ze gaat met de sleutel naar binnen.

De hele klas praat over hoe gemeen ze het vinden. 'Als ik wist waar ze die sleutel verstopt, dan ging ik midden in de nacht de school in,' zegt Daan. 'Dan deed ik de poort open en gooide de sleutel in de vuilnisbak.'

'Hij wel,' snuift Zoë. 'Jij durft in het donker niet eens naar buiten.'

'Dan pies je van angst in je broek,' zegt Anna lachend.

'Zo is het wel weer genoeg,' zegt juf Evi.

Lucas kijkt naar Milou. Ze weet meteen wat hij denkt.

Ze steekt haar vinger op en vraagt of ze even naar de wc mag. Daar haalt ze haar verrekijker uit haar zak en kijkt erdoor. Ze denkt aan Braaksel. Het duurt heel even en dan ziet ze Braaksel in haar kamer staan met de sleutel in haar hand. Braaksel kijkt haar kamer rond en dan loopt ze naar de muur. Een eindje naast het raam hangt een schilderij. Ze haalt het eraf, doet de sleutel aan het haakje en hangt het schilderij ervoor zodat je de sleutel niet ziet.

Milou gaat snel terug naar de klas.

'En?' vraagt Lucas zachtjes.

'Ze heeft de sleutel achter een schilderij verstopt,' fluistert ze.

Lucas steekt zijn duim op.

In de pauze loopt groep zeven mopperend naar buiten. ‘Door die stomme actie van Braaksel kunnen we niet eens op de reuzenglijbaan en op de klimmuur,’ klinkt het over het schoolplein.

Lucas loopt achter de anderen aan. Als hij Braaksel bij de deur ziet staan, geeft hij Milou een teken. Terwijl Lucas de wacht houdt, sluipt Milou naar de kamer van juf Brakel. Ze rent naar het raam, haalt de sleutel achter het schilderij vandaan en stopt hem in haar zak.

Ze wil de kamer weer uit gaan, maar dan hoort ze Lucas’ fluitje.

Help! Braaksel komt eraan. Wat moet ze doen? Als ze de gang op gaat, ziet Braaksel dat ze uit haar kamer komt. Dan maar in de kamer blijven. Ze schiet achter het gordijn.

Een paar tellen later hoort ze Braaksels voetstappen. Milou houdt haar adem in. Het zweet breekt haar uit. Stel je voor dat Braaksel het gordijn dicht wil doen. Ze rilt bij die gedachte.

Ze hoort een la opengaan. Er ploft iets in en de la gaat weer dicht.

‘Wat moet jij hier?’ snauwt Braaksel dan.

‘Mevrouw.’ Milou herkent de stem van de conciërge. ‘U hebt het speelparadijs voorgoed afgesloten. Ik wil me nergens mee bemoeien, maar ik vind het wel heel zuur voor de leerlingen. Moet u dat echt wel doen?’

‘Heb ik jou om raad gevraagd?’ buldert Braaksel. ‘Mijn kamer uit met die onzin en vlug een beetje.’

Ze hoort Braaksel nog in zichzelf vloeken. ‘Is die vent gek geworden?’ Dan lijkt ze de kamer weer te verlaten.

Milou kijkt behoedzaam om het gordijn. Ze is weg!

Ze rent naar de deur en gluurt de gang in. Dan ziet ze Braaksel het kamertje van Van Dongen binnen gaan. Lucas

staat nog steeds bij de kapstok en wenkt dat de kust veilig is. Ze rennen naar buiten.

'Wat was dat eng!' zegt Milou. 'Ik tril nog. Maar niet voor niks.'

Ze wijst op haar zak.

'Heb je hem?'

Milou knikt. 'We laten hem nu meteen namaken. Ik weet een winkel in de buurt die dat doet.'

'Ik heb geen geld,' zegt Lucas.

'Ik wel.' Milou haalt een tientje uit haar zak. 'Ik moet na school een boodschap voor mijn moeder doen, maar ik zeg wel dat ik het geld ben verloren.'

Hand in hand komen Milou en Lucas de sleutelwinkel uit.

'Super dat het is gelukt,' zegt Milou.

'De sleutel is nagemaakt,' zegt Lucas, 'maar nu moet Braaksels sleutel weer terug op het haakje.'

'Als ze maar niet gemerkt heeft dat hij weg is,' zegt Milou.

'Ik hang hem wel terug,' zegt Lucas als ze voor het hek van school staan.

'Dat is superlief van je,' zegt Milou. Daarna vertelt ze hem precies waar hij de sleutel moet hangen.

Gelukkig zijn ze niet te laat, iedereen is nog buiten. Braaksel staat bij de deur.

'Ik leid haar af,' zegt Milou, 'dan kun jij veilig je gang gaan.'

Ze stapt op Braaksel af. 'Mevrouw Brakel, u moet weten dat ik heel dankbaar ben dat ik destijds de wedstrijd heb gewonnen. Want ik ben heel blij dat ik op deze school zit. Ik wilde dat ik al veel eerder hier op school was gekomen. Al in groep vijf of groep vier of nog beter, meteen in groep één.'

'Wat een gezeur, kind. Zorg nou maar dat je goede cijfers haalt, anders stuur ik je alsnog van school.' Braaksel draait zich om en loopt naar binnen.

Milou wil achter haar aan gaan, maar dan ziet ze Lucas al met een stralend gezicht aankomen.

'Hij hangt er,' zegt hij zachtjes. 'Nu de poort.'

Als iedereen naar binnen loopt, haalt Milou de nagemaakte sleutel uit haar zak, steekt hem in het slot en draait hem om.

Lucas zet de poort wijd open en dan rennen ze de school in.

Juf Brakel zit tevreden achter haar bureau. 'Wat ben ik toch slim,' mompelt ze. Nu is ze voor eens en voor altijd van dat walgelijke speelparadijs af. En ze laat zich door niemand overhalen om de poort weer open te doen. Alleen als er inderdaad niet één onvoldoende op deze school is, maar dat kunnen ze wel vergeten.

'Wat is dat voor lawaai,' zegt ze hardop wanneer ze nadat de bel is gegaan, gejoel hoort. Het komt van buiten. In een paar stappen staat ze voor het raam en dan ziet ze leerlingen in het speelparadijs.

'Wat? Hoe komt die poort open?' Ze rukt het schilderij van de muur. De slimmerik, denkt ze als ze de sleutel ziet hangen. Met grote stappen loopt ze naar de deur.

'Van Dongen!' brult ze door de gang.

De conciërge komt hijgend aangehold.

'Hoe durf je?' schreeuwt juf Brakel als hij voor haar staat.

'Wat bedoelt u, mevrouw?'

'Doe maar niet net alsof je van geen kwaad weet. Je vond het toch zo zielig voor de leerlingen? Je hebt me bespied!'

'Ik weet niet waar u het over hebt, mevrouw.'

'O nee? Kijk dan eens naar buiten! Jij lafhartig weekdier, je hebt de sleutel van het haakje gehaald en de poort opengezet. Dit is een misdaad, weet je dat wel?'

'Maar mevrouw, ik weet van niets. Is de poort dan open?' Hij rent naar het raam. Dan kijkt hij juf Brakel met open mond aan. 'De poort is inderdaad open. Hoe is het mogelijk? Ik zag toch zeker dat u de sleutel omdraaide. Maar ik heb dit echt niet gedaan, mevrouw. U denkt toch niet dat ik u zou bespieden en zonder uw toestemming uw sleutel zou gebruiken?'

'Hou je maar niet van de domme. Die poort is niet vanzelf opengegaan. Jaag die brutale kinderen onmiddellijk uit het speelparadijs. Dan doe ik de poort weer op slot.'

'Dat wil ik ook wel voor u doen, mevrouw.'

'Geen sprake van. Jij blijft van die sleutel af. Je denkt toch zeker niet dat ik jou nog vertrouw? Wat sta je hier nog? Vort, doe wat ik je heb opgedragen.'

Juf Brakel blijft voor het raam staan. Pas als het speelparadijs helemaal leeg is, stapt ze naar buiten en doet ze de poort op slot.

'Zo,' zegt ze hardop. 'Die krijgt niemand meer te pakken.' En ze hangt de sleutel aan een ketting om haar nek.

Alle leerlingen zijn woedend dat Braaksel de poort weer op slot heeft gedraaid, behalve Milou en Lucas. Slap van de lach fietsen ze het schoolplein af.

'Ze heeft de sleutel expres om haar hals gehangen. Haha... Zo goed. Dan snapt ze er helemaal niks meer van als de poort morgen weer openstaat.'

'Hihi...' zegt Lucas grinnikend. 'Misschien slikt ze de sleutel van woede dan wel in.'

'Maar dan staat de poort daarna weer open, en daarna weer.' Lachend liggen ze over hun stuur.

'Zou Braaksel de sleutel thuis ook om haar nek houden?' zegt Milou als ze voor het stoplicht staan te wachten.

'Jammer genoeg kunnen we dat niet zien,' zegt Lucas. 'O ja, dat kan wel natuurlijk! Jij kunt het zien.'

Milou wil haar verrekijker al tevoorschijn halen, maar het stoplicht springt op groen. 'Ik kijk wel als we bij jou thuis zijn,' zegt ze.

'Top!' Lucas steekt zijn duim op.

Vijf minuten later zetten ze hun fiets voor het huis van Lucas' opa. Milou loopt achter Lucas aan het huis in.

'Hai opa, dit is Milou,' zegt Lucas met een grote glimlach.

Hij ziet aan opa's gezicht dat hij Milou ook een leuk meisje vindt.

'Gezellig dat je er bent, meissie,' zegt opa. 'Wil je iets drinken? Van Lucas weet ik het wel, maar van jou nog niet natuurlijk. Zeg het maar, hoor, we hebben van alles.'

Juf Brakel kan niet wachten tot ze thuis is. Ze heeft zich

voorgenomen vanmiddag haar plan voor te bereiden voor de grote verdwijning van die vier schepsels.

Ze kan niet wachten tot het zover is. Het kan niet misgaan. Hoe ze iemand moet laten verdwijnen, heeft ze inmiddels kunnen oefenen op Alie en Greta. Het is nu de hoogste tijd om een datum te prikken. Het moet niet zomaar een dag zijn, maar een dag dat ze iets te vieren heeft. Jammer genoeg is haar verjaardag al voorbij. Ze is niet van plan te wachten tot ze eindelijk weer jarig is. Wat is nog meer een bijzondere dag? Natuurlijk, ineens weet ze het. De dag dat ze met valse papieren directeur van deze school werd. Ze had zich voorgenomen deze dag elk jaar te vieren. Toevallig is het bijna een jaar geleden. Ze slaat haar agenda open. 'Aha,' mompelt ze, 'nog een paar dagen en dan ben ik een jaar officieel directeur van deze school. En met succes mag ik wel zeggen.' Ze omcirkelt de datum.

Wat heeft ze nodig?

Versiering, schrijft ze op. Dat maakt het extra feestelijk. Op zolder liggen nog slingers. En ze moet natuurlijk van allerlei lekkers in huis halen. *Lievelingstaart,* schrijft ze op. Dan kan ze voor de verdwijning een punt van de taart nemen én erna. *Champagne,* schrijft ze op. Dan kan ze met zichzelf klinken op de verlossing van die vier etterkoppen. En op dat ze nog maar vaak mispunten mag laten verdwijnen.

Ingrediënten voor mijn favoriete gerecht, schrijft ze op. En zelf moet ze er natuurlijk ook feestelijk uitzien. Maar er is wel één probleem. Haar geluksjurk kan ze niet aan. Zo meteen herkent iemand de jurk die ze droeg met de diefstal. Toch moet ze hem aan. Het is belangrijk dat haar missie slaagt, en deze jurk brengt nou eenmaal geluk. Ze staat op, kijkt in haar kledingkast en haalt er een lange regenjas uit. Als ze die eroverheen doet ziet niemand de jurk. 'Opgelost!' zegt ze hardop. Maar dan bedenkt ze dat die akelige hond er een stuk uit heeft gebeten. Ze wordt meteen weer woest als ze eraan denkt. Ze haalt de jurk uit de kast en bekijkt het gat. Dat moet ze kunnen herstellen. Ze zoekt in haar naaimand een lapje dat erbij past. Tevreden gaat ze met de jurk en het lapje achter de naaimachine zitten.

Milou en Lucas' opa kunnen het heel goed vinden. Milou praat honderduit. Maar Lucas zit in de stress. Zo meteen begint Milou over het laboratorium. Hij is vergeten haar te vertellen dat zijn opa niet mag weten dat hij het gebruikt.

Hij kijkt steeds naar Milous glas. Drink nou op, denkt hij, dan kunnen we naar boven.

Nu moeten we weg, denkt Lucas als zijn opa over de uitvinder begint. Hij staat snel op. 'Ga je mee, Milou? We moeten aan het werk! We hebben een toets,' verzint hij snel, 'en ik moet Milou nog iets uitleggen.'

'Ga maar gauw,' zegt zijn opa, maar Lucas betwijfelt of opa hem gelooft.

'Wat een leuke opa heb jij,' zegt Milou op de trap. 'Ik vond het heel gezellig om met hem te praten.'

'Dat zag ik,' fluistert Lucas als ze op de overloop staan. 'Ik schrok me alleen rot toen mijn opa over de uitvinder begon. Ik dacht, straks begin jij over het lab. Mijn opa mag niet weten dat ik daar kom.'

'Goed dat je opstond,' zegt Milou. 'Anders was ik er vast over begonnen.'

'Dit is eigenlijk niet mijn kamer,' zegt Lucas, en hij doet de deur open. 'Het is de logeerkamer. We zijn hier maar tijdelijk, totdat mijn ouders een huis hebben gevonden.'

'Het is wel heel gezellig.' Milou kijkt rond. 'Mag ik op het bed gaan zitten?'

'Natuurlijk,' zegt Lucas en hij haalt wat kleren weg die erop liggen.

Milou gaat zitten.

'Ik ben heel benieuwd,' zegt Lucas.

Milou kijkt door haar verrekijker en denkt aan Braaksel. Het duurt iets langer dan anders. Vol spanning wacht ze op wat er gaat gebeuren, en ineens ziet ze Braaksel. Ze heeft haar ketting nog om en ze zit achter een naaimachine en naait een lapje op een jurk.

'En?' vraagt Lucas.

'Ze heeft hem nog om.'

'Die is gek,' zegt Lucas, 'waarom houdt ze dat ding thuis om? Wat was ze aan het doen?'

'Ze zat achter de naaimachine,' zegt Milou. 'Ze naaide een lapje op een heel lelijke jurk, bruin met gele bloemen. Wie vindt dat nou mooi?'

Bruin met gele bloemen? denkt Lucas. Waar kent hij dat ook alweer van? Ineens weet hij het. Dat lapje dat Max in zijn bek had, was ook bruin met gele bloemen aan één kant! Volgens Thijs en Lotte kwam dat van die jurk die bij Alie Cyaankali aan de waslijn hing.

'Braaksel is dus niet alleen vals, ze heeft ook geen smaak,' zegt Milou. Als Lucas haar met open mond aankijkt, vraagt ze: 'Wat is er?'

'Weet je nog dat ik je over een jurk heb verteld die bij Alie Cyaankali aan de waslijn hing?' vraagt Lucas.

'En die ineens weg was toen Lotte en Thijs hem aan jou wilden laten zien,' zegt Milou.

'Precies,' zegt Lucas. 'Die was ook bruin met gele bloemen.'

'Misschien leek hij erop?'

Maar stel je voor dat het dezelfde jurk is, denkt Lucas. Hoe kan hij daar nou achter komen? Yes! Hij weet het! Hij springt overeind.

Milou kijkt hem verbaasd aan.

'Het lapje!' zegt hij. 'We kunnen erachter komen! Waar heb ik dat lapje ook alweer gelaten?' En dan weet hij het weer. Hij heeft het in een broekzak gestopt. Hij doet meteen zijn kast open.

'Wat doe je allemaal?' vraagt Milou als Lucas de kast opendoet.

'Dit is heel belangrijk,' zegt hij en hij voelt in de zak van de broek die hij die dag aanhad, maar het zit er niet meer in.

'Ik ben zo terug.' Hij heeft zijn moeder net thuis horen komen en hij rent de trap af. 'Mam, jij hebt toch die groene broek van mij gewassen?'

'Dat klopt,' zegt Lucas' moeder.

'Er zat een lapje in mijn broekzak.'

Zijn moeder denkt na. 'Ja, dat heb ik eruit gehaald.'

'Wat heb je ermee gedaan?'

'Ik denk dat ik het heb weggegooid,' zegt zijn moeder.

Shit! Zijn bewijs is weggegooid. Hij rent naar de vuilnisbak.

'Daar hoef je niet te kijken,' zegt zijn moeder. 'De vuilnisbak is gisteren geleegd. Was het zo belangrijk?'

'Hartstikke belangrijk,' zegt Lucas teleurgesteld en hij gaat naar boven.

Lucas ploft op zijn bed neer en slaat zijn hand tegen zijn voorhoofd. 'Ik baal. Ik had misschien kunnen bewijzen wie de dader is.' Hij vertelt over de hap die Max uit de jurk heeft gebeten. Maar dat zijn moeder het bewijs heeft weggegooid.

Maar dan roept zijn moeder van onderaan de trap. 'Lucas! Ik heb het gevonden.'

Met drie treden tegelijk rent Lucas de trap af.

'Hebbes!' roept hij blij en hij omhelst zijn moeder. Dan neemt hij het lapje snel mee naar boven.

'De bloemetjesjurk die Braaksel naaide, zag die er zo uit?' Vol spanning kijkt hij naar Milou.

'Ja!' zegt Milou. 'Precies zo.'

'Dan weten we wie het kompas heeft gestolen,' zegt Lucas. 'Braaksel!'

'Waarom denk je dat opeens?' vraagt Milou. 'Ik heb je toch verteld over die foto? Daar had de dief dan wel een bloemetjesjurk aan, maar die was niet bruin met gele bloemen. Dat was een gifgroene jurk met blauwe bloemen.'

Maar dan draait Lucas het lapje om. 'Kijk eens?'

'Wow!' zegt Milou. 'Je hebt gelijk. Braaksel is de dief! Dus door dat valse mens zit mijn vader nu in de gevangenis... Maar wacht eens even, dan hebben we nu de dader, dan moeten ze mijn vader wel vrijlaten!'

'Maar we hebben nog geen echt bewijs,' zegt Lucas.

'Waar denk je aan?' vraagt Milou als Lucas maar voor zich uit staart.

'Dat we zo snel mogelijk moeten zorgen dat we bewijs hebben.'

'We kunnen toch naar de politie gaan en zeggen dat Braaksel het kompas heeft gestolen? Dan gaan ze het wel uitzoeken.'

'Was dat maar waar,' zegt Lucas. 'Braaksel is de liefste juf van de provincie. Ze geloven nooit dat zij zoiets zou doen. We moeten echt hard bewijs hebben.'

Even blijft het stil en dan zegt Lucas: 'Hadden we maar geen ruzie met Thijs en Lotte, dan konden we met z'n vieren een plan bedenken.'

'Waarom vertellen we het hun niet,' zegt Milou.

'Dacht je dat ze het zouden geloven? Dan moeten we jouw geheim vertellen en dat kan niet.'

'Nee, dat is zo,' zegt Milou. Maar ze twijfelt. Ze denkt aan haar vader. Hij moet zo snel mogelijk uit de gevangenis, dat is het allerbelangrijkst. Dan schelden ze haar maar uit. 'Als we daardoor kunnen bewijzen dat Braaksel schuldig is, dan mogen ze mijn geheim weten,' zegt ze dan.

'Weet je het zeker?' vraagt Lucas.

Milou knikt. 'Heel zeker.'

Thijs maakt het touw van het vlot los.

'Ik baal er steeds meer van dat we ruzie met Lucas hebben,' zegt Lotte als ze wegvaren. 'Hadden we hem wel moeten laten kiezen?'

'Ik heb er ook spijt van,' zegt Thijs. 'Was Milou maar nooit in onze klas gekomen, dan hadden we nu geen ruzie.'

'Ze leek zo aardig,' zegt Lotte, 'maar dat wij nu ruzie hebben met Lucas komt mooi wel door haar.'

'Misschien moeten we het goedmaken,' zegt Thijs. 'We kunnen toch tegen Lucas zeggen dat we het geheim van Milou niet hoeven te weten?'

'Ik weet niet of Lucas nog wel vrienden met ons wil zijn,' zegt Lotte.

'We zijn echt best wel stom geweest. En we zijn niet alleen een leuke vriend kwijt, maar nu moeten we ook met z'n tweeën bedenken hoe we van Braaksel af komen.'

Lucas en Milou stuiven door het hek van Thijs' tuin.

'Daar varen ze!' roept Lucas en hij wijst naar het water.

'Roep dat ze terug moeten komen!' zegt Milou.

'Dat doen ze vast niet, ze zijn kwaad op ons.' Lucas kijkt gehaast de tuin rond. Dan rent hij naar de waslijn en haalt er een wit kussensloop af.

'Zie jij een stok?' vraagt hij. Ze kijken snel om zich heen. Tegen de schuur staat een bezem. Lucas rent ernaartoe en knoopt het kussensloop aan de stok. Een paar tellen later staan ze bij de waterkant en zwaait Lucas met zijn witte vlag naar het vlot.

Het komt doordat Max het water in is gedoken dat Lotte omkijkt. 'Moet je zien!' zegt ze tegen Thijs. 'Daar staat Lucas met Milou. Hij zwaait met een witte vlag.'

Nu ziet Thijs het ook. 'Ze geven zich over, ze willen vrede.'

'Dat komt goed uit,' zegt Lotte blij. 'Wij ook!' Ze varen snel terug.

'Dus jullie willen ook vrede,' zegt Thijs als ze bij het strandje zijn.

'Ja, heel graag,' zegt Lucas. 'We moesten naar jullie toe.

We hebben namelijk iets heel belangrijks te vertellen.'

'Maar dat kan niet hier,' zegt Milou. 'We moeten zeker weten dat niemand ons hoort.'

'Jouw kamer?' Lotte kijkt Thijs aan.

'Mijn moeder is thuis,' zegt Thijs. 'Stel je voor dat ze ons hoort...'

'Dan gaan we naar het laboratorium,' zegt Lucas.

'Yes!' Ze rennen naar hun fietsen.

Lucas is zo blij met hun ontdekking dat hij onderweg bijna zijn mond niet kan houden. Lotte en Thijs zijn ook nieuwsgierig wat hun vrienden te vertellen hebben. Het is vast iets heel belangrijks, dat merken ze wel.

'Heeft het met het kompas te maken?' probeert Lotte.

'Ja,' zegt Lucas, 'maar meer zeggen we nu nog niet.'

Opgewonden komen ze bij het laboratorium aan.

'Nu wil ik weten wat jullie te zeggen hebben,' zegt Lotte.

Voor de zekerheid kijkt Lucas of de kust veilig is, maar hij ziet niemand. 'We weten wie het kompas heeft gestolen,' zegt hij.

'Nee, echt?' roepen Lotte en Thijs. 'Wie dan?'

'Braaksel,' zegt Lucas. 'Braaksel heeft zich als oud vrouwtje verkleed en het kompas gepikt.'

'Braaksel?' Hun mond valt open. 'Hoe weten jullie dat?'

'Door Milous geheim.' Hij kijkt naar Milou. 'Mogen ze het weten?'

Milou knikt. 'Ik, eh...' Ze vertelt over de verrekijker. 'Als ik aan iemand denk, dan kan ik die persoon door mijn verrekijker zien.'

'En Milou zag dat Braaksel een jurk naaide waar een gat in zat,' zegt Lucas. 'Ze zag een bruine jurk met gele bloemen. En ineens dacht ik aan het lapje dat Max uit iemands kleding had gebeten. Ik liet het aan Milou zien. En het was dezelfde stof als de jurk die Braaksel zat te naaien.'

'Nu weten jullie meteen mijn geheim,' zegt Milou.

Lotte en Thijs kijken elkaar aan. 'Braaksel heeft het kompas dus gestolen...' zegt Lotte. 'Maar hoe wist ze van het kompas?'

'Ze moet ons hebben afgeluisterd,' zegt Lucas.

'Dus de verrekijker is magisch,' zegt Lotte. 'Mag ik hem eens zien?'

Milou haalt hem tevoorschijn. Ze kijken naar de verrekijker. Lotte en Thijs denken alle twee aan de magische ring van juf Evi en het horloge en het kompas. Zou dit misschien ook een uitvinding van de vader van de juf zijn?

'Waarom wilde je dit zo graag voor ons geheimhouden?' vraagt Lotte. 'We hebben jou toch ook over het magische kompas verteld?'

'Ik durfde het niet.' Milou vertelt over de knikker en hoe erg ze daarmee is gepest.

'Wat gemeen,' zegt Thijs. 'Wees daar maar niet bang voor, dat zouden wij nooit doen. We vertellen het aan niemand.'

Lotte kijkt naar het verrekijkertje. 'Mag ik het ook eens proberen?'

'Dat willen wij ook,' zeggen Thijs en Lucas.

Milou knikt.

'Lucas mag van mij eerst,' zegt Lotte. 'Omdat wij zo stom tegen je hebben gedaan.'

Lucas pakt de verrekijker. Hij denkt aan zijn vriend Emiel van zijn oude school. En dan ziet hij hem zitten op zijn zoldertje. Hij slaakt een kreet van verbazing. Hij is weer bezig met een nieuwe uitvinding.

'Nu mag ik,' zegt Lotte. 'Aan wie zal ik denken?'

'Aan Fred,' zegt Thijs. 'Dan weten we of hij nog in de gevangenis zit.'

'Wie is Fred?' vraagt Milou.

'Dat was de zogenaamde vriend van mijn moeder,' zegt Lotte. 'Hij was een crimineel. Door Thijs en mij is hij opgepakt. Ik heb nooit meer aan hem willen denken.' Ze geeft de verrekijker aan Thijs. 'Kijk jij maar of je hem ziet.'

Thijs denkt aan Fred. 'Ik zie hem!' roept hij. 'Hij zit in een cel.'

'Echt waar?' roept Lotte uit.

'Ja, kijk zelf maar.' Thijs geeft het verrekijkertje aan Lotte.

'Oké dan.' Ze denkt aan Fred. 'Yes!' roept ze als ze hem in zijn cel ziet zitten. 'Blijf daar maar lekker lang zitten.' Maar dan ziet ze Milous beteuterde gezicht. 'Voor die engerd is het wel goed, maar niet voor jouw vader. Die rotkerel heeft iedereen bestolen en bedrogen. Hij wilde Max bij me weghalen.' Ze vertelt Milou het hele verhaal. Van opwinding laat ze de verrekijker bijna uit haar handen vallen. Lucas kan hem nog net pakken.

'Geef maar gauw hier,' zegt hij. 'Het zou heel erg zijn als hij valt. We hebben hem nu juist zo hard nodig. We moeten zorgen dat wij het kompas in handen krijgen.'

'Dat gaat ons lukken,' zegt Lotte. 'We weten nu wie het heeft.'

'Waarom zou Braaksel dat kompas eigenlijk gestolen hebben?' vraagt Milou.

'Weet je dat ik daar nog niet eens aan heb gedacht...' zegt Lucas. 'Ik heb alleen maar gedacht aan hoe we kunnen bewijzen dat zij het heeft gedaan. Maar niet waarom ze dat heeft gedaan. Maar ik denk dat ik wel weet waar ze het voor nodig heeft.' Angstig kijkt hij zijn vrienden aan. 'Ze weet hoe het kompas werkt. Ze heeft Alie Cyaankali en Greta Granaat laten verdwijnen en nu zijn wij aan de beurt...'

24

'Je rugtas zat nog achter op je fiets,' zegt Thijs 's morgens, en hij geeft hem aan Milou.

'Dat moet juist voor ons plan,' zegt Milou.

'O natuurlijk, stom van ons,' zegt Lotte. Ze pakt de rugtas, brengt hem terug naar de stalling en bindt hem weer achter op Milous fiets.

'Jullie hebben iets gemist,' zegt Lucas wanneer Lotte terug is. 'Als jullie iets eerder waren geweest, hadden jullie Braaksel het schoolplein op zien komen. Zo goed! Ze voelde aan de poort van het speelparadijs. Toen ze merkte dat hij nog dichtzat, kwam er een gemene grijns op haar gezicht.'

'Wacht maar totdat ze straks merkt dat de poort ineens weer openstaat,' zegt Milou grinnikend. Nu ze weet dat haar vader door Braaksel in de gevangenis zit, wil ze echt graag wraak nemen.

Langzaam stroomt het plein vol. Mopperend voelen de leerlingen aan de deur van de poort.

'Op slot!' roept iemand. 'Ze doet hem echt niet meer open.'

'Braaksel niet, nee,' fluistert Milou, 'maar hij gaat wel weer open.'

Bij het naar binnen gaan, zien ze allemaal de sleutel om de hals van Braaksel, die in de deuropening staat, hangen.

'Juf,' begint Sanne zodra iedereen in de klas zit, 'het speelparadijs zit nog steeds op slot.'

'Ik weet het,' zegt juf Evi. 'Ik vind het net zo erg als jullie, maar ik kan er helaas niks aan doen.'

De rest van de klas moppert ook. 'Ik wilde dat dat gemene mens een keer ophoepelde,' zegt Zoë.

'We moeten die sleutel te pakken zien te krijgen,' zegt Daan. 'Dan maken we de poort open, gooien de sleutel in de wc en trekken hem door.'

'Wedden dat ze dan met haar kop in de wc gaat om hem te pakken?' zegt Bram.

'Yes!' roept Daan. 'Moet ze doen, dan trekken we haar ook door.'

Iedereen ligt slap van de lach.

Juf Evi klapt in haar handen. 'Nu houden we erover op. Ook al is dit heel vervelend, we gaan er toch een mooie dag van maken.' Ze schrijft de taken voor deze dag op het bord.

Als ze aan het werk gaan, geeft Lucas Milou een teken.

Milou steekt haar vinger op. 'Mag ik even naar mijn fiets, juf? Ik heb mijn rugtas achterop laten zitten.'

'Ga maar gauw,' zegt juf Evi.

Milou loopt de klas uit. Ze kijkt of de kust veilig is. De deur van de kamer van juf Braaksel is dicht en het lampje is rood. Dat betekent dat ze in gesprek is. Zo snel als ze kan rent ze de school uit. Buiten kijkt ze nog eens om zich heen, maar niemand ziet haar. Ze haalt de sleutel uit haar zak, steekt hem in het slot van de poort en draait hem om. Dan zet ze de poort wagenwijd open.

‘En?’ vraagt juf Evi als ze terugkomt.
Ze laat haar tas zien.
‘Goed dat je bent gaan kijken,’ zegt juf Evi.
Lucas kijkt vragend naar Milou. Ze steekt haar duim op.

‘De poort is open!’ horen ze in de pauze roepen. ‘Braaksel heeft de poort weer opengezet.’ De leerlingen komen naar buiten en rennen het speelparadijs in. Het groepje blijft erbuiten staan. Ze willen zien wat er gebeurt als Braaksel het merkt.

Juf Brakel zit op haar kamer. Wat is dit voor lawaai, denkt ze. Ze kijkt naar buiten. Wat? Hoe kan dit? Alweer! Ze kijkt naar de sleutel, maar die hangt gewoon nog om haar hals. Hoe kan de poort open zijn? Ze heeft vanmorgen nog gevoeld. 'Van Dongen!' roept ze en de conciërge komt aangerend. 'De poort is open! Hoe kan dat? Kom mee naar buiten!'

Van Dongen rent achter juf Brakel aan het schoolplein op.

Lotte en Thijs zien het gezicht van Braaksel. Haar neus gaat op en neer van de stress. Ze kunnen hun lachen bijna niet inhouden.

'Ik snap er niks van, mevrouw,' horen ze Van Dongen zeggen. 'Het is al de tweede keer. U dacht dat ik het had gedaan, maar nu ziet u dat ik onschuldig ben.'

'Man, hou op met je gezeur. Jaag die kinderen er weer uit. Nu onmiddellijk.'

'Jongens en meisjes, allemaal het speelparadijs uit!' roept de conciërge. 'Dit is een misverstand, de poort moet helaas dicht.'

Mopperend lopen de leerlingen door de poort naar buiten.

'Naar jullie klas!' buldert juf Brakel.

'Maar de bel is nog niet eens gegaan,' roept Daan.

'Niets mee te maken!' schreeuwt juf Brakel. 'Wegwezen en snel een beetje.'

Het viertal kijkt naar juf Brakel die de poort op slot doet en wel vijf keer controleert of hij echt goed dichtzit.

'Mevrouw, wilt u geloven dat ik dit best een beetje eng vind?' horen ze de conciërge zeggen. 'Het lijkt wel of het hier spookt.'

Ze zien juf Brakel groen worden. En dan kijken ze elkaar aan. Meneer Van Dongen heeft hen op een idee gebracht. Een heel goed idee.

Meteen na school fietsen ze naar het laboratorium.

'Dit wordt onze beste actie ooit,' zegt Lucas wanneer ze er zijn.

'We zullen haar krijgen,' zegt Milou.

Lucas gaat achter de computer zitten. 'Wat moet er allemaal op het papier staan?' vraagt hij.

'Doodskoppen,' zegt Thijs. 'Zet het maar vol met doodskoppen.'

'Ja,' zegt Lotte, 'rondom en tussen de tekst komen doodskoppen.'

'Wie schrijft het netst van ons allemaal?' vraagt Thijs.

'Nee, het moet juist helemaal niet netjes. Het moeten enge letters zijn,' zegt Lotte.

'Hoe vinden jullie dit?' Lucas houdt het papier met doodskoppen omhoog.

'Super!' zegt Thijs. 'Nu alleen nog de tekst.'

'Ik denk dat ik wel enge letters kan schrijven.' Milou oefent op een kladblaadje.

'Yes!' roepen ze als ze het blad met bibberige letters omhooghoudt. 'Echt letters van een spook.'

Lucas legt het papier voor Milou neer. 'Schrijf maar op.' Hij dicteert:

'Wij zijn niet weg! Van ons raak je nooit meer af. Deze poort is nog maar het begin. We zullen je blijven treiteren, hahaha. Je trouwe vriendinnen, Alie Cyaankali en Greta Granaat.'

'Vet!' roept Lotte. 'Wat zal ze schrikken. Die doodskoppen en die enge letters...'

'We zijn nog niet klaar,' zegt Lucas. 'Het papier moet er ook geheimzinnig uitzien.'

'Ja,' zegt Lotte. 'We branden er een randje langs.'

Lucas haalt een aansteker uit de la en houdt de vlam voorzichtig onder de hoeken van het papier.

'Nu moeten we gaan,' zegt Lotte, 'anders is ze al naar huis. Ik móét haar gezicht zien als ze de brief op de poort ziet hangen.'

Met z'n vieren fietsen ze naar school terug. Op de hoek zetten ze hun fiets neer. Een paar minuten later sluipen ze het schoolplein op. Milou, Thijs en Lotte verstoppen zich in de struiken. Lucas loopt met de brief naar de poort en prikt hem op de deur. Hij wil ook de struiken in schieten, maar de deur van de school gaat open. Help, denkt hij en hij verbergt zich snel achter een boom.

Ze kijken naar juf Braaksel die naar buiten komt. 'Wel verdorie!' horen ze haar roepen. Met grote stappen loopt ze naar de deur van het speelparadijs. 'Die ellendige kinderen houden ook nooit op. Hier zullen ze spijt van krijgen.' Ze wil het papier van de deur rukken, maar dan ziet ze de doodskoppen en de verbrande hoeken. Ze leest wat er staat en dan geeft ze een gil.

'Is er iets, mevrouw?' vraagt de conciërge, die naar buiten komt. Krijtwit draait ze zich om. Ze trilt over haar hele lichaam.

'Hoepel op, man!' snauwt ze. 'Maak dat je wegkomt.'

'Neemt u me niet kwalijk, mevrouw.' De conciërge snelt meteen weer naar binnen.

Braaksel bonkt woest met haar hoofd tegen de poort.

Pas als ze vloekend en tierend de school in gaat, komen de kinderen tevoorschijn en rennen ze lachend het schoolplein af.

Lottes moeder kijkt verbaasd naar Lotte die haar bord supersnel leegeet.

'Klaar!' zegt ze en ze legt haar vork en mes neer.

'Dat had ik niet verwacht,' zegt haar moeder. 'Meestal zit je te mopperen als we stamppot eten. En nu heb ik niet één klacht gehoord.'

'Goed, hè?' zegt Lotte, 'mag ik nu nog even weg?'

'Ah, dat zit erachter,' zegt haar moeder lachend. 'Je weet dat ik niet wil dat je na het eten nog weggaat.'

'Het is koopavond, we willen een cadeautje kopen,' zegt Lotte. 'Thijs en Lucas en Milou gaan ook.'

Haar moeder kijkt op de klok. 'Nou, vooruit dan maar, maar ik wil wel dat je om acht uur thuis bent.'

'Yes! Je bent een schat.' Lotte geeft haar moeder een

kus en vertrekt. Ze heeft met haar vrienden bij de kringloopwinkel afgesproken. Ze hebben vanmiddag een geweldig plan bedacht. Zo snel als ze kan fietst ze naar het centrum. Als ze bij kringloopwinkel aankomt, staan Milou, Thijs en Lucas al te wachten.

'Ik hoop dat ze het skelet nog hebben,' Milou doet de deur van de winkel open en loopt meteen door naar achteren. Ze kijkt naar de muur, maar het skelet hangt er niet meer.

'Het is weg,' zegt ze.

Ze kijken elkaar teleurgesteld aan. Daar gaat hun goeie plan.

'Nou, dan gaan we maar weer,' zegt Lucas en hij loopt naar de deur.

'Kan ik jullie ergens mee helpen?' vraagt de verkoopster.

'Er hing hier een tijdje geleden een skelet,' zegt Milou. 'Maar ik zie dat het weg is.'

'Ja, dat ligt in de kelder,' zegt de vrouw. 'Ik heb een beetje opgeruimd. Spullen die te lang hangen breng ik volgende week naar de vuilverbranding.'

'Dus het is er nog?' zegt Milou blij. 'Mogen wij het kopen?'

'Van mij wel,' zegt de vrouw. 'Jullie mogen het zelfs gratis hebben. Ik zou het toch weggooien. Dan heeft er tenminste nog iemand plezier van.' Ze gaat een trap af en komt terug met het skelet.

'Super!' roepen ze.

'Zo kunnen jullie er niet mee over straat.' Ze klapt het dubbel en stopt het skelet in een vuilniszak.

'Hoeven we echt niks te betalen?' vraagt Milou nog.

'Nee hoor, veel plezier ermee.'

'Vet! Vet! Vet!' zeggen ze wanneer ze buiten staan.

'Wat nu?' zegt Lotte. 'We kunnen het niet mee naar huis nemen.'

'Geef maar aan mij,' zegt Lucas. 'Dan verstop ik het in het laboratorium.'

'Top. Ga je mee, Thijs?' zegt Lotte. 'O nee, jij gaat met Milou mee natuurlijk.'

'Ja,' zegt Thijs. 'Milou schrijft nog een enge brief aan Braaksel. En die stop ik morgenochtend in haar brievenbus. Zodra ze weg is.'

'Stuur een appje als Braaksel wegrijdt,' zegt Lucas, 'dan weten we dat ze eraan komt.'

Thijs steekt zijn duim op.

'Tot morgenochtend,' zegt Lotte. 'Kwart voor acht bij school. Ciao!' En ze fietsen weg.

's Morgens om kwart voor acht zitten Lucas, Milou en Lotte verstopt in de struiken op het schoolplein.

Lotte kijkt de hele tijd op haar mobiel. Het is inmiddels acht uur en ze hebben nog niks van Thijs gehoord.

Om zeven over acht worden ze ongerust. Als het maar goed is gegaan... Als Braaksel Thijs maar niet heeft betrapt. Maar nog geen halve minuut later komt er een appje. *De brief zit in de bus. Ze is onderweg! Tot zo.*

'Spannend!' fluisteren ze. Door de struiken gluren ze naar het hek.

'Daar is ze!' sist Lucas na een minuut of tien. Nu zien de anderen het ook. Juf Brakel loopt met de fiets aan haar hand het schoolplein op. Ze hopen dat ze aan de poort van het speelparadijs voelt, maar ze loopt door naar de stalling.

'Het gaat mis,' zegt Milou. Met ingehouden adem kijken ze naar Braaksel die de stalling uit komt. Gaat ze meteen de school in?

'Ze loopt door!' fluistert Lotte. Van de spanning krijgt ze kriebel in haar keel. Als ze maar niet moet hoesten.

Dan zien ze dat Braaksel toch naar de poort loopt. Ze voelt aan de deur. De deur gaat open. Ze horen haar vloeken. Ze pakt de sleutel en wil hem op slot draaien, maar ze kijkt eerst of er geen leerlingen binnen zijn. En dan... ziet ze het skelet aan de klimmuur hangen. Braaksel rent gillend de school in.

'Van Dongen, waar zit je? Je moet me helpen, kom gauw!' horen ze haar krijsen.

Milou schiet uit de struiken het speelparadijs in, grist

het skelet van de klimmuur, draait de poort op slot en duikt de struiken weer in. Net op tijd. Braaksel stapt met Van Dongen achter zich aan het plein op.

'Wat sta je daar nou bij die poort!' roept ze. 'Doe hem open en ga naar binnen.'

'Dat gaat niet, mevrouw,' klinkt het beleefd. 'De poort zit op slot.'

'Die poort is open!' schreeuwt ze.

'Het spijt me, maar hij zit op slot,' zegt de conciërge nogmaals.

'Je durft gewoon niet naar binnen, schijtluis. Ik zal je wel een handje helpen.'

Ze duwt de conciërge ruw opzij.

'Hoe kan dit? Hoe kan het dat de poort op slot zit?' Trillend neemt ze de ketting van haar hals en stopt de sleutel in het slot.

'En nu kijken, jij!' Ze duwt de poort open.

'Wat valt er te zien, mevrouw?'

'Een skelet,' brult ze.

'Sorry, mevrouw, ik zie niets.'

'Aan de klimmuur, sukkel, kijk dan uit je doppen.'

'Mevrouw, er hangt niets aan de klimmuur.'

Braaksel duwt de conciërge opzij en kijkt naar binnen. 'H-h-het is weg-g-g... H-h-het skelet is weg...'

'Mevrouw,' zegt de conciërge, 'een skelet? Gaat het wel goed met u? Moet u niet een tijdje rust nemen? U werkt ook veel te hard. U trilt helemaal. Zal ik een dokter bellen?'

Braaksel kan geen woord uitbrengen. Ze rent naar de fietsenstalling, grist haar fiets uit het rek en rijdt als een speer naar huis.

Met haar jas nog aan loopt juf Brakel thuis naar de boekenkast en haalt er een boek over geesten uit. *Hoe houd ik geesten op afstand,* heet het boek.

Onder het lezen komt er een valse grijns op haar gezicht.

'Alie en Greta denken mij het leven zuur te maken,' zegt ze hardop, 'maar daar zal ik een stokje voor steken.'

Ze fietst naar de supermarkt. Tien minuten later komt

ze terug met tien pakken zout en een grote streng knoflook. Het zout strooit ze om haar huis heen. Daarna hangt ze boven de voordeur een streng knoflook. Voor de zekerheid checkt ze of alles nog in orde is met het kanon dat nog in de voortuin staat. Of het nou dag is of nacht, dat maakt haar niets uit. Zodra ze iets ziet bewegen, steekt ze het kruit aan. Tevreden loopt ze om haar huis heen. Ze zal Van Dongen opdragen rond de school hetzelfde te doen, zodat ze haar daar ook niet meer kunnen lastigvallen.

Opgelucht loopt ze naar de brievenbus en haalt de post eruit. Dan ziet ze iets wat ze eerder heeft gezien. Ze herkent de doodskoppen, en de enge letters. Ze staan op een brief. Ze gaat snel naar binnen en begint te lezen.

Begraaf het kompas in Alies tuin, onder de perenboom, dan laten we je met rust. Zorg dat het er morgen om drie uur ligt. Zo niet, dan zul je spijt krijgen...

'En?' vraagt Thijs, die het schoolplein op komt.

'Ze is net weggevlucht,' zegt Lucas. 'Je had haar moeten zien, man, helemaal in paniek.

'Sst...' zegt Lotte.

Daan en Bram komen aanlopen. Lotte kijkt naar Thijs. Ze zouden het zo graag aan hun andere vrienden vertellen, maar dat durven ze niet. Het moet geheim blijven.

'Jullie moeten ons feliciteren,' zegt Daan. 'We hebben

een prijs gewonnen in een loterij.' Hij zwaait met het lot.

'Ik heb de eerste prijs gewonnen,' zegt Bram, 'en Daan de tweede.'

'En wat hebben jullie gewonnen?' vraagt Lucas.

'Er zijn verschillende prijzen. De eerste prijs is dat je Zoë een kus mag geven, de tweede prijs dat je Anna een kus mag geven.'

'Nou ja!' roept Anna. 'Dit slaat natuurlijk nergens op.'

'Toch heb ik eerlijk gewonnen,' zegt Daan en hij loopt naar Anna toe.

Bram loopt naar Zoë toe.

'Jullie zijn hartstikke knetter!' roepen de meiden en ze rennen weg, met hun handen voor hun gezicht.

'Ik wil mijn prijs!' roept Daan. 'Kijk dan naar het lot.' Hij houdt het voor Anna.

Bram houdt het zijne voor Zoë. 'Lees maar!'

Zoë en Anna grissen de loten snel uit hun handen en maken er propjes van. 'Dit is jullie prijs.' Ze duwen de proppen in de monden van de jongens en rennen dan hard weg.

'Kima, ben je zo laat naar bed gegaan?' vraagt juf Evi. 'Ik zie je steeds gapen.'

'Ja, juf,' zegt Kima. 'Mijn oma is gisteren haar broche verloren. Een broche met drie melktandjes van mij en mijn twee broertjes. Ze schrok heel erg toen ze merkte dat hij weg was. Ik heb haar helpen zoeken.'

'En?' vraagt juf Evi. 'Hebben jullie de broche weer gevonden?'

'We hebben tot heel laat gezocht, juf. In haar huis, in de tuin, en ook op straat, maar we zagen hem nergens. Nu is ze heel verdrietig. Ik heb haar beloofd vanmiddag weer te helpen zoeken.'

'Het is heel naar als je iets waardevols verliest wat je niet zomaar kunt kopen,' zegt juf Evi. 'Wie van jullie heeft dat weleens meegemaakt?'

Lotte steekt haar vinger op. 'Ik heb een keer bij de zandbak mijn knuffel laten liggen toen ik klein was. Ik merkte het pas toen ik thuiskwam. Samen met mijn moeder ben ik teruggegaan, maar hij lag er niet meer.'

'Toen moest je zeker heel erg huilen,' zegt Anna.

Lotte knikt. 'Ik kon eerst niet slapen zonder mijn knuffel.'

'Weten jullie nog die keer dat mijn konijn weg was,' zegt Sanne.

'Gelukkig vonden we Fluffie wel terug.'

'En u, juf?' vraagt Milou.

'Zelf ben ik gelukkig nog nooit iets belangrijks verloren, maar mijn vader wel. Toen ik een kleuter was had hij een klein verrekijkertje waar hij heel trots op was. Ik mocht er weleens doorheen kijken, maar dan hield hij hem vast. Hij was veel te bang dat ik hem liet vallen. "Waarom vind jij die verrekijker zo mooi, papa?" vroeg ik op een dag. "Omdat het niet zomaar een verrekijker is," zei mijn vader toen. "Dit is een heel bijzondere verrekijker. Als je groot bent, vertel ik je waarom."'

Lotte, Thijs, Lucas en Milou kijken elkaar met grote ogen aan. Ze dachten het al, de verrekijker die Milou in de kringloopwinkel heeft gevonden is van de vader van juf Evi.

'Ik was het ding al lang vergeten,' gaat de juf verder. 'Maar toen ik eenmaal juf was en een leerling op school een verrekijker bij zich had, dacht ik er weer aan. Ik belde mijn vader en vroeg of hij me wilde vertellen wat er nou zo bijzonder aan zijn verrekijker was. "Ik kom naar je toe met

de verrekijker," zei hij. Ik was heel benieuwd. "Vertel op," zei ik toen hij bij me thuis was. Hij wilde de verrekijker uit zijn zak halen, maar hij zat er niet meer in. Tot zijn grote schrik ontdekte hij dat er een gat in zijn zak zat. We zijn het hele eind teruggelopen naar zijn huis. We hebben heel lang gezocht en mijn vader is zelfs naar het politiebureau gegaan, maar ze hebben hem nooit gevonden.'

'Maar waarom was hij nou zo bijzonder?' vraagt Daan.

'Dat heeft hij niet meer verteld. Hij was zo verdrietig, hij wilde nooit meer over zijn verrekijker praten.'

Iedereen is er stil van. Ze vragen zich af wat er nou zo bijzonder aan een verrekijker kan zijn. Maar Lotte, Thijs, Lucas en Milou weten heel goed waarom de verrekijker zo bijzonder is.

'Dus hij is van de vader van juf geweest,' fluistert Milou tegen Lucas.

'Waarschijnlijk heeft iemand hem gevonden en nooit gemerkt hoe bijzonder hij was,' zegt Lucas zachtjes.

'En later is hij naar de kringloopwinkel gebracht,' zegt Milou. Ze denkt maar steeds aan wat er precies gebeurd kan zijn. Ze vergeet helemaal dat ze de poort open moet zetten.

Pas als Lucas haar eraan herinnert, steekt Milou haar vinger op. 'Mag ik even naar de wc, juf?'

'Natuurlijk,' zegt juf Evi.

Stiekem loopt Milou de school uit. Buiten kijkt ze of de kust veilig is. Als ze niemand ziet, draait ze de poort van het speelparadijs van het slot en zet hem wagenwijd open. Ze zit weer op haar plaats als de bel gaat.

'De poort is open!' roept Julian in de deuropening van de school.

Groep zeven rent achter hem aan naar het speelparadijs. Ze zijn niet de enigen. Bijna alle leerlingen rennen door de poort. Behalve Lotte, Thijs, Milou en Lucas. Milou kijkt naar juf Evi.

'Ze moest eens weten wat er in mijn zak zit,' zegt ze.

'Hoe denken jullie dat de verrekijker in de kringloopwinkel terecht is gekomen?' vraagt Lotte.

'Ik denk...' begint Lucas, maar hij wordt overstemd door een woedend gebrul.

Juf Braaksel stuift naar de poort en zwaait met haar liniaal. 'Allemaal dat speelparadijs uit en snel! Naar de klas jullie.'

25

In de school wordt wel vaker getimmerd, ook op de gang. Maar nu klinkt er getimmer op de deur van de klas.

Daan begint te zingen. 'Hoor wie klopt daar kinderen…'

De hele klas zingt mee. 'Het is een vreemde zeker, die verdwaald is zeker. Ik zal eens even vragen naar zijn naam…'

Dan zien ze door het raam van de deur dat de conciërge iets boven de deur timmert.

'Wat hangt hij nou op?' roepen ze.

'Het lijkt wel een streng knoflook,' zegt Thijs.

'Ja hoor,' zegt Daan lachend. 'Van Dongen gaat knoflook boven de klas hangen, nou goed.'

Meneer Van Dongen steekt zijn hoofd om de deur. 'Sorry voor het lawaai, juf Evi. Ik moet boven alle deuren een streng knoflook ophangen van mevrouw Brakel.'

'Het is al goed, hoor.' Juf Evi haalt haar schouders op.

'Zien jullie nou wel,' zegt Thijs. 'Ik zei het toch?'

'Waarom moet dat, juf?' vraagt Sanne.

'Ik heb echt geen idee,' zegt juf Evi.

'Ze wil ons bedwelmen,' zegt Daan. 'Boven elke deur komt een streng knoflook te hangen. Zo meteen stinkt de hele school naar knoflook. Ik ruik het nu al.'

Ze zijn alweer aan het werk als de deur van de klas wordt opengegooid. Juf Brakel komt binnen.

'Luister allemaal goed,' begint ze. 'Jullie vragen je natuurlijk af waarom ik al die strengen knoflook op laat hangen.'

'Ja, mevrouw Brakel,' zegt juf Evi, 'daar hadden we het inderdaad al over.'

'Knoflook heeft veel goede eigenschappen. Noem er eens een op.'

Daan steekt zijn vinger op. 'Je krijgt er lekkere stinkscheten van.'

De hele klas moet lachen.

'Stilte!' Juf Brakel slaat met haar liniaal op tafel. 'Er valt hier niets te lachen. Dat is een heel domme opmerking.'

Ze kijkt naar Daan. 'Ik wist dat je dom was, maar zó dom had ik niet gedacht. Wie heeft er een intelligent antwoord voor mij?'

'In knoflook zit vitamine c,' zegt Zoë.

'Dat gezeur over gezond en vitaminen interesseert mij niet,' snauwt juf Brakel. 'Er is iets veel belangrijkers wat knoflook kan. Iets wat deze klas heel goed kan gebruiken, juf Evi. Knoflook zorgt er namelijk voor dat domheid op de vlucht slaat. Daarom laat ik boven de deur van elke klas knoflook hangen. Jullie mogen mij wel heel dankbaar zijn, anders verlaten jullie in groep acht allemaal als een kip zonder kop deze school, en dat wil ik niet.'

'Maar, mevrouw Brakel,' zegt juf Evi. 'Ik ben juist zo trots op deze klas. Hebt u hun laatste proefwerk al ingezien?'

'Jazeker, een zeer treurig resultaat. Daarom heb ik niet alleen de hulp van knoflook nodig, maar ook van zout. Jullie zullen Van Dongen straks wel met kruiwagens zout zien sjouwen. Dat gaat hij rondom de hele school uitstrooien. Want ook zout zorgt ervoor dat domheid wordt verjaagd. Heeft er iemand nog een vraag?'

'Maar, juf Brakel, als wij er allemaal overheen lopen dan is het zout toch zo weer weg?'

'Dat klopt, daarom is het ten strengste verboden om op het zout te lopen. Als ik zie dat iemand van jullie dat doet, dan zwaait er wat.'

'Maar onze fiets dan?' zegt Bram. 'Als we er niet overheen mogen rijden hoe komen we dan op het schoolplein?'

'Nog zo'n domme vraag. Je hebt toch armen om je fiets op te tillen?' Juf Brakel loopt naar de deur, maar in de deuropening blijft ze nog even staan. 'Onthou goed,' brult ze, 'als de domheid hier op school verjaagd is, dan mag het speelparadijs weer open, maar dat betekent wel dat ik geen onvoldoendes en eigenlijk alleen maar tienen wil zien.' Dan stampt ze weg.

'Moet je nou zien!' roept Julian midden onder de rekenles. Iedereen rent naar het raam. Ze zien de conciërge bij het hek lopen met een kruiwagen vol zout. Overal strooit hij bergjes zout neer. Braaksel komt naar buiten en wijst aan waar het zout allemaal gestrooid moet worden. Ze zwaait met haar armen. Dan strooit hij weer te veel zout en dan weer te weinig, zo lijkt het.

'Zo schiet het toch nooit op,' zegt Bram.

'Laat maar, jongens,' zegt juf Evi. 'Gaan jullie maar lekker verder met je werk. Hier moeten we ons niet mee bemoeien. Ik wil jullie alleen zeggen dat jullie echt geen knoflook en zout nodig hebben. Ik ben heel trots op mijn groep zeven. Als het zo doorgaat, krijgt iedereen in groep acht een heel mooi advies.'

De leerlingen van groep zeven zijn klaar met hun werk wanneer de bel gaat.

'Tot morgen,' zegt juf Evi. Ze lopen naar de gang.

'Wat stinkt het hier!' roept Bram. 'De hele school stinkt naar knoflook.' Met dichtgeknepen neuzen rennen ze naar de kapstok, grissen hun jas van de haak en stormen naar buiten.

'Ik ruik het nog,' zegt Daan als ze buiten staan. 'Gadver, mijn hele jas stinkt naar die troep.'

Op het plein tillen leerlingen hun fiets op zodat ze niet over het zout rijden. Omdat het niet zo snel gaat, staat er al snel een hele file.

'Daar gaat-ie dan!' roept Julian als hij eindelijk aan de beurt is. Hij neemt een aanloopje en springt met fiets en al over de rand zout heen, maar hij glijdt uit en ligt er middenin.

Een groepje leerlingen gaat er gauw voor staan zodat juf Brakel het niet kan zien. Een paar anderen vegen het zout snel weer bij elkaar.

Met z'n vieren zitten ze in het laboratorium.

'Onze brief heeft dus wel gewerkt,' zegt Lucas.

'Hoe weet je dat?' vraagt Lotte.

'Waar denk je dat het zout voor is en die knoflook?' Lucas kijkt hen aan.

'Braaksel denkt dat ze daarmee de domheid verjaagt,' zegt Thijs. 'Ik heb nog nooit zulke onzin gehoord.'

'Ik ook niet,' zegt Lotte.

'Dat gelooft ze zelf ook niet,' zegt Lucas. 'Ze heeft het maar verzonnen. Ze is bang geworden van onze brief. Zout en knoflook gebruikten mensen vroeger om kwade geesten te verjagen.'

'Vet!' zegt Milou. 'Ze is dus bang voor de geesten van Alie en Greta.'

Lucas knikt. 'Nu weten we zeker dat ze het kompas gaat begraven.'

'Nog voor drieën,' zegt Lotte, 'want om drie uur moet ze weer op school zijn.'

'Zo goed dat jij eraan dacht dat ze elke woensdagmiddag om drie uur vergadering heeft op school, Thijs,' zegt Lucas.

'Die zegt ze echt niet af,' zegt Lotte.

'Anders zou ze zich vast in de struiken verstoppen,' zegt Lucas. 'Nu kunnen wij gewoon veilig het kompas opgraven zonder dat ze ons ziet.'

'En dan is mijn vader eindelijk vrij,' zegt Milou blij. 'Ik kan niet wachten tot we het kompas hebben.'

Juf Brakel staat thuis in de gang, met de brief in haar hand. 'Jammer voor jullie, lieve Alie en Greta,' zegt ze hardop, 'maar dat kompas krijgen jullie nooit. Jullie denken zeker dat ik gek ben! Ik weet wel waarom jullie het kompas willen hebben. Jullie willen maar één ding: mij laten verdwijnen.' Voor de zekerheid pakt ze de rat en ze voelt in het gat. Gelukkig, het kompas zit er nog en daar blijft het ook. Ze moet die misselijke geesten niet alleen tegenhouden, ze moet van ze af. Maar hoe? Reken maar dat ze morgen om drie uur bij de perenboom zijn om het kompas op te graven. Helaas kan ze er niet bij zijn. Op woensdagmiddag om drie uur hebben ze altijd vergadering op school. Die kan ze niet afzeggen.

Ze loopt door haar huis heen en weer en ineens heeft ze een idee. Ze moet de geesten laten ontploffen. En ze weet precies hoe: in de schuur ligt nog een ontstekingsmechanisme met een tijdklok. Dat kreeg ze tegelijk met het kanon. Maar daar hoort wel een bom aan vast te zitten. Ze haalt het ontstekingsmechanisme en de tijdklok uit de schuur. Binnen gaat ze achter haar computer zitten. Ze kijkt op internet hoe je een bom kunt maken. Ja hoor, daar staat het al. Wat heeft ze allemaal nodig? Kunstmest, dat is geen probleem, er staat een grote zak in de schuur. Maar ze heeft ook chemicaliën nodig. Drie verschillende soorten. Hoe komt ze daaraan? Ze kent die explosieve vloeistoffen wel. Ze zijn alleen in laboratoria te vinden. Wacht eens even... Ze kent een laboratorium waar die spullen staan. Het laboratorium van de wandelende etterbak. De chemicaliën staan daar gewoon voor het grijpen.

Juf Brakel heeft rustig gewacht tot het etenstijd is. De kans dat ze dan een van die rotkinderen in het laboratorium aantreft is zeer klein. Ze stopt drie lege flessen in haar fietstas en rijdt naar het bos.

Bij het bospad dat naar het laboratorium loopt, houdt ze stil. Voor de zekerheid kijkt ze of er geen fietsen bij het laboratorium staan, maar de kust is veilig. Ze zet haar fiets tegen een boom, tilt de steen op en haalt de sleutel eronderuit. Ze kijkt om zich heen of niemand haar ziet, dan steekt ze de sleutel in het slot en gaat naar binnen. Haar ogen glijden over de rij flessen die op de plank staan. En dan verschijnt er een valse lach op haar gezicht. Alle drie de chemicaliën die ze nodig heeft, staan naast elkaar.

Ze pakt de flessen en schenkt uit alle drie wat vloeistof over in haar eigen flessen. Dit is precies wat ze nodig heeft. Ze zet de flessen keurig terug zodat niemand kan zien dat er iets uit is gehaald en ze vertrekt. De sleutel legt ze weer terug onder de steen.

Thuis gaat ze meteen aan het werk. Nauwkeurig volgt ze het recept dat op internet staat. Als de bom klaar is, sluit ze het ontstekingsmechanisme aan. Nu hoeft ze alleen nog de tijdklok in te stellen op morgenmiddag drie uur.

'Knap werk, al zeg ik het zelf!' roept ze wanneer ze klaar is en ze kijkt trots naar de bom. 'Jullie denken dat je morgen beethebt en het kompas opgraaft,' zegt ze grinnikend. 'Doe maar lekker, schatjes, dan blijft er niets van jullie over.'

Ze legt de bom weg en gaat weer achter haar bureau zitten. Ze moet de werkplannen bekijken die de leraren hebben ingeleverd, maar ze kan zich niet concentreren. Ze denkt voortdurend aan de bom. Als het maar in orde komt. Als de bom maar op tijd onder de perenboom ligt. Je weet nooit wat er gebeurt, ze kan ziek worden, er kan van alles misgaan. Ineens staat ze op. Waarom zou ze eigenlijk wachten tot morgen met het ding te begraven? Stel je voor dat ze morgen onverwachts niet kan. Er kan zomaar iets belangrijks tussenkomen. Bovendien mag niemand zien wat ze begraaft. Nu is het donker. Dit is het beste moment. Dan kan ze tenminste met een gerust hart naar bed gaan. Pas als die bom veilig onder de perenboom ligt heeft ze rust.

Ze haalt een kistje uit de schuur en bindt het achter op haar fiets. Ze tilt de bom erin. Het ding is behoorlijk zwaar, maar het lukt haar toch. Ook haalt ze een schepje uit de schuur.

Een paar minuten later rijdt ze in het pikdonker naar Alies tuin. Eén hand houdt ze op haar stuur, met de andere hand houdt ze de kist vast. Ze is al een eindje op weg als er een politieauto voor haar komt rijden en haar sommeert te stoppen. Help! Als ze maar niet zien wat ze bij zich heeft.

Een van de agenten stapt uit. 'Uw achterlicht doet het niet, mevrouw. Zo mag u niet fietsen. Ik geef u een bekeuring.' Hij kijkt naar de kist. 'Wat zit daarin?' vraagt hij dan.

Juf Brakel heeft het gevoel alsof ze wel door de grond kan zakken. Maar dan stapt de andere agent uit. 'U bent toch juf Brakel?'

'Jazeker,' zegt juf Brakel meteen poeslief. 'Ik werd door ouders gebeld en ben op weg naar een leerling die dringend mijn hulp nodig heeft. Ik ben zo snel mogelijk vertrokken en heb niet op mijn achterlicht gelet. Wilt u het alstublieft voor één keer door de vingers zien? Het kind is in nood.'

De agenten kijken elkaar aan. 'Laat maar,' zegt een van de twee. 'Maar de volgende keer mag u niet meer zo op pad gaan, dat is levensgevaarlijk.'

‘Vanzelfsprekend, agent,’ zegt juf Brakel met een grote glimlach. ‘Ik laat het achterlicht morgen meteen maken.’ Opgelucht kijkt ze de politieauto na wanneer hij verder rijdt.

Een kwartier later tilt ze de bom uit de kist. Ze loopt ermee naar de perenboom. Daar legt ze hem neer en graaft een kuil. Als het gat groot genoeg is tilt ze de bom er voorzich-

tig in. Ze controleert nog even of hij goed staat ingesteld. Ze ziet dat het in orde is en gooit het gat dicht. Dan komt ze overeind. Handenwrijvend kijkt ze naar de plek waar de bom begraven ligt. Nog even en ze is van die twee enge geesten af. Ze doet een dansje om de boom.

26

Het is woensdagmiddag. Lotte en Thijs weten altijd genoeg te doen, maar nu hangen ze maar in Thijs' kamer. Ze hebben nergens geduld voor. Ze zijn zo benieuwd hoe het straks om drie uur zal gaan. Zal het kompas onder de perenboom liggen?

Milou weet ook niet zo goed wat ze moet beginnen. Zij is ook veel te opgewonden. Ze ziet steeds voor zich dat ze met het kompas naar het politiebureau gaat en haar vader eindelijk vrijkomt. Wat zal hij blij zijn. En haar moeder ook. Gisteravond zei haar moeder dat nog... het is echt een afschuwelijke tijd. Ze kijkt op de klok, het is twee uur. Om halfdrie hebben ze afgesproken bij het laboratorium en dan fietsen ze met z'n vieren naar Alies huis.

Lucas is de enige die druk bezig is. Sinds ze bijna zeker weten dat de verrekijker van de uitvinder is geweest, zit hij elke vrije minuut achter de computer. Ergens moet de uitvinder toch iets over de verrekijker hebben opgeslagen? Maar tot nu toe heeft hij nog niets gevonden. Hij is zo hard aan het werk dat hij schrikt als zijn vrienden om klokslag halfdrie met Max voor de deur staan. Hij zet de computer uit en springt op.

Hij aait Max. 'Is het wel verstandig dat Max meegaat?' vraagt hij. 'Het is nogal een belangrijke missie. Die mag niet verstoord worden.'

'Ik laat hem een eindje van Alies huis af los,' zegt Lotte. 'Dan kan hij daar een beetje rondsnuffelen.'

'Straks hebben we feest!' Lucas kijkt naar Milou en ziet haar stralende gezicht.

Juf Brakel had zich voorgenomen de vergadering om drie uur gewoon door te laten gaan, maar op het allerlaatste moment heeft ze hem toch afgezegd.

Ze moet horen hoe de bom straks ontploft en de giftige geesten van Alie en Greta krijsend in vlammen opgaan. Nooit zal ze meer last van die twee hebben. Ze heeft zich verstopt in de tuin van Alie Cyaankali. Ze kijkt op haar horloge, nog een kwartier en dan is het zover. Jammer genoeg kan ze het niet zien gebeuren. Daarvoor zit ze te ver van de perenboom af, je kunt je nergens goed verstoppen en tegelijkertijd die boom zien. Maar ze kan het wel horen. Deze dag wordt een van de mooiste dagen uit haar leven.

Ze grinnikt in zichzelf. 'Nog een paar minuten en dan ben ik voorgoed van Alie en Greta verlost.'

Als Braaksel op een andere plek was gaan zitten had ze Lotte, Thijs, Milou en Lucas de tuin van Alie in zien sluipen. Zonder te praten gaan ze om de perenboom heen zitten. 'Nog vier minuten,' fluistert Thijs, 'dan is het drie uur.'

Maar dan klinkt er heel hard hondengejank. De kinderen springen op.

'Max is in nood!' Ze rennen de tuin uit en het bospad over.

'Max!' roept Lotte en ze stuift op het gejank af.

Dan horen ze een keiharde knal. 'Het lijkt wel of er iets is ontploft,' zegt Lotte in paniek. 'Als Max maar niet gewond is.'

'Volgens mij komt die knal achter ons vandaan,' zegt Lucas.

Ze zien het meteen als ze aan komen rennen. Max zit met zijn poot in een klem.

'Die gemene rotstropers,' zegt Thijs. Ze proberen de klem open te maken. Max blijft maar janken.

Als ze hem er eindelijk uit hebben, zien ze dat Max een grote wond aan zijn poot heeft.

'We moeten naar de dierenarts,' zegt Thijs.

'Hoe komen we daar?' Lotte kijkt angstig naar het bloed dat uit Max' poot stroomt.

'Pak hem op, we gaan zo snel mogelijk naar de weg,' zegt Lucas.

Een paar minuten later staan ze bij de weg. Gelukkig komt er een auto aan. Lucas gaat midden op de weg staan zodat de auto wel moet stoppen. Een vrouw doet haar raampje open.

'Mijn hond is gewond,' zegt Lotte, 'hij moet naar de dierenarts.'

'Ik zie het. Wat naar. Stap maar gauw in,' zegt de vrouw. 'Ik breng jullie.'

Thijs gaat met Lotte mee.

'Milou en ik gaan het kompas opgraven,' zegt Lucas.

'Laten jullie het horen als je het hebt?' zegt Thijs.

Terwijl de auto wegrijdt, lopen Lucas en Milou terug naar het huis van Alie.

'Zie je dat?' zegt Lucas. 'Rook!'

'Waar komt dat vandaan?' vraagt Milou.

'Van die knal natuurlijk,' zegt Lucas. Ze rennen het pad op en dan blijven ze geschrokken staan. Wat is er met de tuin van Alie gebeurd? De perenboom ligt in verbrande stukken op de grond. Overal liggen resten van smeulende takken. En er is een heel groot gat op de plek waar de perenboom stond.

'Het lijkt wel of er hier een bom is ontploft,' zegt Milou.

'Er ís een bom ontploft!' zegt Lucas. 'Dat moet wel. Wat een chaos!'

Ze kijken elkaar aan.

'Braaksel!' zeggen ze tegelijk.

'Braaksel heeft in plaats van het kompas een bom in de grond gestopt. Als Max niet had gejankt...' zegt Lucas.

Milou knikt. 'Wat hebben wij een geluk gehad.'

Ze rillen bij de gedachte dat zij daar met z'n vieren om drie uur hadden gestaan.

Ze weten niet goed wat ze nu moeten doen.

'Bel Thijs,' zegt Milou.

Lucas haalt zijn mobiel tevoorschijn. Met trillende vingers toetst hij Thijs' nummer in.

'En, hebben jullie het kompas?' vraagt die meteen.

'Nee, helaas niet. Eh...'

'Hallo, nu geen geintjes graag,' zegt Thijs. 'Max' poot moet worden gehecht. Die stroper krijgen we nog wel.'

'Ik denk eerder dat we die stroper dankbaar moeten zijn,' zegt Lucas.

'Wat bedoel je, man, Max heeft een megalelijke wond in zijn poot. Alleen maar door zo'n rotzak.'

'Die rotzak heeft er wel voor gezorgd dat wij nog leven,' zegt Lucas. 'Als Max niet in die val was gestapt, hadden wij het niet kunnen navertellen.'

'Wat bedoel je? Sorry, maar ik snap er even niks van.'

'Die megaknal die we hoorden, dat was een bom,' zegt Lucas.

'Braaksel heeft een bom begraven in plaats van het kompas. De perenboom is totaal verwoest,' zegt Lucas. Als hij niets meer hoort, vraagt hij: 'Ben je er nog?'

'Hoi, Lucas,' klinkt Lottes stem. 'Thijs staat hier krijtwit naast me. Hij kan geen woord uitbrengen. Heb je het kompas?'

'Het was een bom, Lotte. Braaksel heeft een bom bij de perenboom begraven. Je weet niet wat je ziet, de tuin is een puinhoop.'

'Maar d-dan w-waren wij...' stamelt Lotte.

'Ja, het had helemaal verkeerd met ons kunnen aflopen,' zegt Lucas.

In feeststemming komt juf Brakel bij haar huis aan. Ze kijkt naar het zout dat ze om haar huis heeft gestrooid. Dat kan nu allemaal weg. Ze rukt de streng knoflook van de deur. Weg met die stinktroep. De geesten van Alie en Greta zijn in rook opgegaan. Jammer genoeg heeft ze de ontploffing niet gezien, maar toen ze meteen daarna ging kijken was het duidelijk dat niets of niemand deze knal had kunnen overleven. Zelfs niet de geesten van die twee galgenbrokken. Wat een explosie!

Ze doet de voordeur achter zich dicht en loopt door haar kamer heen en weer. 'Dit is de grootste overwinning in mijn leven,' zegt ze grinnikend. 'Wat zeiden ze ook alweer? "Van ons kom je nooit meer af, dit is nog maar het begin..."'

Het is zeker het begin, denkt ze, maar wel van mijn feest. Want dat is nog lang niet afgelopen. Nu dit is gelukt zijn die rotkinderen aan de beurt. Ze zal die misselijke schepsels krijgen. In één klap laat ze die mormels alle vier verdwijnen, stelletje prutskinderen. Haar plan wordt niet zomaar een plan, het wordt een masterplan dat zijn weerga niet kent.

Lotte, Milou, Thijs en Lucas zitten op Lottes kamer om Max heen.

'Gelukkig wordt je poot weer helemaal beter,' zegt Lotte en ze aait Max.

'Het is heel erg wat er met je is gebeurd,' zegt Thijs, 'maar je hebt ons wel gered.'

'Braaksel is niet alleen vals, maar ook supergevaarlijk,' zegt Milou. 'Niet mijn vader, maar zíj hoort in de gevangenis. Ik schrok me dood toen ik die tuin zag. Wat had er niet met ons kunnen gebeuren?'

'Gelukkig weet ze niet dat wij die brieven hebben geschreven,' zegt Thijs. 'Ze denkt nu als het goed is dat de geesten van Alie en Greta zijn ontploft.'

'We moeten zorgen dat we dat kompas zo snel mogelijk in handen krijgen, voordat ze ons laat verdwijnen,' zegt Lucas.

'Denk je dat het bij haar thuis ligt?' vraagt Milou.

'Dat weten we niet,' zegt Lucas. 'Ze kan het ook op school in haar kamer hebben verstopt. We moeten nu echt actie gaan ondernemen.'

'Het is halfvijf,' zegt Thijs terwijl hij opstaat, 'meestal is ze dan naar huis. We zouden nu op school kunnen zoeken, want Van Dongen is er nog.'

Max staat ook al op.

'Nee, Max,' zegt Lotte, 'je kunt echt niet mee. Weet je wat: omdat je zo zielig bent mag je op mijn bed liggen.' Ze tilt hem op, legt hem op bed en geeft hem een kus.

'We moeten het goed afspreken,' zegt Lotte als ze voor de school staan. 'Iemand moet Van Dongen aan de praat houden.'

'Dat doe ik wel,' zegt Lucas. 'Ik begin wel over het museum waar mijn vader heeft gewerkt. Van Dongen is heel erg geïnteresseerd in dino's.'

'Ik ga wel op de uitkijk,' zegt Milou. 'Als Braaksel er ineens aankomt stuur ik een bericht.'

Lotte en Thijs knikken. Nu het zover is vinden ze het best eng.

Wat gaat er met ze gebeuren als Braaksel ze betrapt?

Lucas gaat als eerste de school in.

Mooi zo, denkt hij als hij Van Dongen achter zijn computer ziet zitten. Hij wenkt Lotte en Thijs.

Lotte en Thijs sluipen de school in en gaan naar de kamer van juf Braaksel. De deur is dicht. Ze kijken elkaar aan. Het rode lampje brandt niet, maar hoe weten ze zeker dat Braaksel niet binnen is?

Lotte luistert aan de deur. Ze hoort niets. Voorzichtig doet ze de deur op een kiertje en gluurt naar binnen. 'Er is niemand,' fluistert ze en ze glippen alle twee naar binnen en doen de deur achter zich dicht.

'Ik kijk in haar bureau,' zegt Thijs zachtjes.

Lotte knikt en loopt naar de kast. Plank voor plank bekijkt ze alles nauwkeurig, maar nergens ziet ze het kompas. Thijs doorzoekt elke la van het bureau, maar ook daar vindt hij niets.

Intussen houdt Lucas meneer Van Dongen aan de praat. Hij hoopt zo dat Lotte en Thijs straks met het kompas naar buiten komen. Af en toe kijkt hij ongemerkt naar de gang, maar Lotte en Thijs zijn nog steeds in de kamer van Braaksel.

'Nou jongen, het was weer heel leuk en nuttig om met je te praten. Een andere keer praten we verder, want ik ga afsluiten. Het was een drukke dag. Het is de hoogste tijd om naar huis te gaan,' zegt de conciërge en hij sluit zijn computer af.

Schiet op jullie, denkt Lucas. Straks sluit Van Dongen

de school en dan zitten Lotte en Thijs opgesloten. Lucas haalt opgelucht adem als de telefoon gaat. Het is vast een belangrijk telefoontje want de conciërge gaat erbij zitten. Hij zwaait naar Lucas die weggaat.

Lucas rent door de gang naar de kamer van Braaksel en doet de deur open. Lotte en Thijs geven allebei een gil van schrik.

'Jullie moeten weg,' zegt Lucas. 'Van Dongen gaat zo naar huis.'

Ze rennen de school uit. Pas als ze buiten staan vraagt Lucas het: 'Hebben jullie iets gevonden?'

'Nee,' zegt Lotte. 'We hebben de hele kamer doorzocht. Het ligt er niet.'

'Balen.' Lucas vindt het nog het ergst voor Milou.

Die vraagt het ook meteen als ze aan komen lopen. 'En?'

Lotte en Thijs schudden hun hoofd. 'We hebben alles doorzocht, maar geen kompas.'

Milou had zo gehoopt dat het zou lukken. Hoe moet haar vader nu nog vrijkomen? Ze moet moeite doen om niet in tranen uit te barsten.

'We geven het niet op,' zegt Lucas.

'Wat kunnen we nu nog doen?' vraagt Lotte. 'Het ligt niet op school. We hebben echt overal gekeken.'

'Dan ligt het bij haar thuis,' zegt Lucas. 'Dan moeten we daar zoeken.'

'Nee!' Thijs schudt verschrikt zijn hoofd. 'Dat is veel te gevaarlijk. Stel je voor dat Braaksel ons betrapt. Dat is inbraak, hoor! En we weten waartoe ze in staat is...'

Lotte knikt. 'Bij juf Evi durfde ik het wel, die is zo lief. Ze zou nooit naar de politie gaan om ons aan te geven, maar Braaksel wel. Of erger.'

'Jullie hebben gelijk,' zegt Lucas. 'Het is ook helemaal geen goed idee.'

'Het is wel een goed idee,' zegt Milou. 'Ik durf het wel.'

'Dit is het beste plan dat ik ooit heb bedacht,' zegt juf Brakel hardop. Ze loopt naar haar slaapkamer, pakt de rat van het voeteneind van haar bed en neemt hem mee naar beneden. Daar voelt ze in de buik van de rat. Mooi zo, het kompas zit er nog in. Ze zet de rat op tafel.

Ze kijkt naar de spin die op de muur loopt. 'Ik ga kijken of ik jou kan laten verdwijnen terwijl het kompas nog in de rat zit,' zegt ze. 'Dan lukt dat bij die rotkinderen ook.'

Lucas fietst een eindje met Milou mee. 'Milou, alsjeblieft,' zegt hij, 'ga niet bij Braaksel naar binnen. Het was het stomste voorstel dat ik ooit heb gedaan.'

'Ik moet het kompas hebben,' zegt Milou. 'Anders komt mijn vader nooit vrij. Dat snap je toch wel?'

'Natuurlijk snap ik dat,' zegt Lucas. 'Maar Braaksels huis in gaan is echt heel gevaarlijk. Ik wil niet dat jou iets overkomt. En je vader wil dat ook niet. Hoe fijn denk je dat het voor hem is als hij vrijkomt en er is iets met jou gebeurd? Als ze je betrapt kan ze je zo laten verdwijnen.'

Milou vindt het lief dat Lucas zo bezorgd om haar is. 'Ik ben niet zo bang,' zegt ze. 'Ik doe soms dingen die niemand durft, daar moet je maar aan wennen. Morgenochtend ga ik Braaksels huis uitpluizen.' Op de hoek slaat ze rechts af.

Lucas kijkt haar na tot ze uit het zicht verdwenen is. Ik kan haar niet tegenhouden, denkt hij, dat is wel duidelijk.

Dan fietst hij weg.

Lucas heeft wel gelijk, denkt Milou als ze op haar kamer zit, maar ik doe het toch. Ze heeft een appje van Lucas. *Heel stoer dat je durft in te breken bij Braaksel. Maar ik laat je niet alleen gaan, als je dat maar weet.*

Milou kijkt naar de hartjes die eronder staan. Wat is hij toch lief, denkt ze. Ze stuurt een hele rij hartjes terug.

Eigenlijk vindt ze het wel fijn dat Lucas mee naar binnen wil bij Braaksel. Wist ze maar waar dat griezelige mens het kompas heeft verstopt. Ze pakt haar verrekijker en denkt aan Braaksel, misschien heeft ze geluk. Het duurt even en dan ziet ze haar op de bank zitten met een rat op schoot.

'Gadver,' zegt Milou hardop. Dat enge mens zit gewoon een rat te aaien. En ze zei nog dat ze niet van dieren hield. Bah, dit wil ze niet zien. Ze legt de verrekijker weg.

Juf Brakel bergt de naald en draad op in de naaimand. Zo, nu kan het kompas niet meer uit de rat vallen. Toen ze net opstond om de spin te laten verdwijnen viel het kompas er ineens uit. Dat mag natuurlijk niet nog eens gebeuren. Ze kijkt tevreden naar de buik van de rat die met ijzergaren dichtzit. Dan draait ze drie keer naar links en drie keer naar rechts. Ze voelt dat het kompas dat in de buik zit gaat gloeien. Nu! denkt ze en ze richt de rat met het kompas erin op de spin, draait naar rechts en zegt hardop 'Ploef'. En weg is de spin.

'Het is gelukt!' Juf Brakel danst door de kamer. 'Mijn masterplan kan doorgaan. Ik kan die ellendige schepsels gewoon laten verdwijnen.' Met een stralend gezicht ploft ze in de stoel neer. Dit is haar dag! Eerst ontploffen die twee giftige geesten en nu heeft ze de spin laten verdwijnen zonder dat het kompas zichtbaar is. Ze staat op en kijkt door het raam naar buiten. Dat kanon kan ze nu meteen wel weghalen. En het zout schept ze onder de aarde. Ze hoeft nergens meer bang voor te zijn.

27

'Vandaag gaat het gebeuren,' zegt Lucas als Lotte en Thijs het schoolplein op zijn gekomen.

'Wat gaat er gebeuren?' vraagt Thijs.

Lucas kijkt om zich heen of niemand hen afluistert en dan zegt hij zachtjes: 'Milou en ik gaan zo inbreken bij Braaksel. Milou wil het per se en ik laat haar niet alleen gaan.'

'Onder schooltijd?' vraagt Lotte verbaasd.

Milou knikt. 'Dat is het beste, dan weten we zeker dat ze niet thuis is.' Ze haalt de sleutel van het speelparadijs uit haar zak en geeft hem aan Lotte. 'Nu moet jij straks de poort openzetten, want ik ben er niet.'

'Super!' Lotte pakt de sleutel aan en stopt hem in haar zak.

'We weten alleen nog niet hoe we haar huis in moeten komen,' zegt Lucas.

'Door het wc-raampje natuurlijk,' zegt Thijs. 'Dat lukt bij elk huis.'

De bel gaat. Braaksel staat voor de deur met de armen wijd zodat niemand erdoor kan.

'Niemand gaat nog naar binnen,' brult ze over het schoolplein.

'Alleen groep zeven en acht mogen de school in. Jullie halen alle knoflookstrengen van de deuren en gooien ze buiten in de afvalbak. De rest van de leerlingen schept de afrastering van zout in de prullenbakken. Ik wil geen korrel meer zien. Daarna gaan jullie als een speer naar jullie klas. Zijn er nog vragen?'

'Juf Brakel,' zegt Daan, 'de knoflook was er toch om onze domheid te verjagen?'

'Helaas gaat dat op deze school niet helpen!' brult juf Brakel. 'Ik hoorde gisteren van een professor dat het niet werkt bij kinderen die oerdom zijn. Dus weg met die rommel en aan de slag.'

'Wat doen we?' vraagt Milou.

'We gaan nu,' zegt Lucas. Hij loopt met Milou naar juf Evi.

'Juf, ik ben helemaal niet lekker,' zegt Milou. 'Ik heb vannacht ook al overgegeven, mag ik naar huis?'

'Ja, natuurlijk,' zegt juf Evi bezorgd. 'Ga maar gauw lekker naar bed. Lucas, fiets jij even met Milou mee?'

'Dat is goed, juf,' zegt Lucas.

Milou loopt langzaam met haar hand op haar buik, alsof ze pijn heeft, naar de fietsenstalling.

Pas als ze op de hoek zijn durven ze te praten.

'Dat ging super,' zegt Lucas. 'Ik hoop dat de rest ook zo makkelijk gaat.'

Samen fietsen ze naar het huis van Braaksel. 'Ik hoop zo dat het wc-raampje openstaat,' zegt Lucas.

'En dat we die rat niet tegenkomen,' zegt Milou.

'Gadver, niet aan denken,' zegt Lucas. 'Weet je dat ik echt bang voor ratten ben?'

'Ik ook,' zegt Milou. Een eindje van het huis vandaan zetten ze hun fiets neer. Alsof er niets aan de hand is lopen ze naar de tuin van Braaksel en doen het hek open. Ze lopen om het huis heen.

'Nee, hè?' Milou wijst naar het wc-raampje. Er zitten ijzeren stangen voor. Wat moeten ze nu? Maar dan zien ze dat boven in het huis een raam op een kier staat. Ze kijken elkaar aan. Daar kunnen ze nooit bij.

'Ga jij op de uitkijk?' zegt Lucas. 'Dan kijk ik in de schuur.'

Yes, in de schuur hangt een ladder. Hij wenkt Milou.

Samen zetten ze de ladder onder het raam. Lucas gaat eerst naar boven. Als hij binnen is, volgt Milou. Ze staan op de overloop.

'We beginnen beneden,' zegt Lucas. Hij houdt zijn adem in als hij de deur van de huiskamer opendoet, maar hij ziet geen rat.

Milou kijkt in de keuken. Zo te zien is die rat er niet. Ze gaat naar binnen en doorzoekt alle keukenkastjes.

Thijs en Lotte zitten ongeduldig in de klas.

Lotte steekt haar vinger op. 'Mag ik even naar de wc, juf?'

Ze gaat de gang op en wil naar buiten sluipen om de poort open te zetten, maar dan ziet ze Braaksel haar kamer uit komen met haar jas aan.

Lotte schiet achter het muurtje bij de kapstok.

'Van Dongen,' hoort ze Braaksel zeggen, 'ik ben de sleutel van het speelparadijs kwijt. Ik moet even naar huis, want ik denk dat ik hem op tafel heb laten liggen.'

Help! Ze moet Braaksel tegenhouden! Maar hoe? En dan weet ze het: maar één ding kan haar tegenhouden.

Ze rent achter Braaksel aan. 'Juf Brakel,' roept ze. 'Ik hoorde dat u een sleutel kwijt bent, bedoelt u deze sleutel?'

‘Waar bemoei je je mee, kind? Ik heb het over de sleutel van het speelparadijs.’

‘Misschien is dat hem wel,’ zegt Van Dongen. ‘Mag ik het eens proberen?’

‘Tijdverspilling,’ zegt Braaksel. ‘Dat kan ik zelf ook wel.’ Ze loopt met de sleutel naar de poort en steekt hem in het slot. ‘Het is ’m!’ Ze kijkt Lotte aan. ‘Hoe kom jij aan die sleutel? Nou?’

Wat moet ze zeggen? Ze moet iets verzinnen. Iets waar Braaksel van schrikt. En ineens weet ze het. ‘Juf Brakel,’ begint ze, ‘ik durf het eigenlijk niet te zeggen, want u gelooft me toch niet.’

‘Zeg het nou maar, en snel een beetje,’ zegt Braaksel.

‘Ik ging naar de wc en toen zag ik iets door de gang zweven. Ik dacht dat het een vogeltje was. “Ga maar gauw naar buiten,” zei ik nog, en ik deed de deur voor hem open. Maar het wilde niet naar buiten, het vloog naar uw kamer en tikte tegen de deur. Toen ik dichterbij kwam zag ik dat het geen vogeltje was maar een sleutel.’

‘Een zwevende sleutel?!’ roept Braaksel. Lotte ziet dat ze bijna omvalt van schrik. ‘Naar je k-k-klas jij,’ stamelt ze. ‘En snel.’

‘Maar mevrouw, Lotte vertelt alleen wat ze heeft gezien,’ zegt de conciërge.

‘Hou jij ook je mond dicht. Aan het werk, verwaande kwast.’

Juf Brakel gaat de school in, verdwijnt in haar kamer en zet het lampje op rood.

Duizelig en misselijk van angst ploft ze op haar stoel neer. Ze houdt haar handen voor haar gezicht.

‘Ik dacht dat ze dood waren,’ stamelt ze. ‘Maar ze zijn

niet dood. Ze hebben vanochtend mijn sleutel gestolen. Dat komt omdat ik al het zout en knoflook heb weggehaald. Hoe moet dit verder?'

Maar dan verandert haar angst in woede. Waarom zijn ze niet verdwenen? Ze schopt tegen haar bureau, smijt een kopje op de grond, en trap haar stoel omver.

Van Dongen klopt op haar deur, maar dat hoort ze niet eens.

Als ze eindelijk rustig wordt doet ze de deur open. 'Van Dongen!' brult ze. 'Ruim mijn kamer op.'

Van Dongen kijkt verbaasd naar de chaos in haar kamer.

'Wat sta je daar nou, sukkel?' brult ze. 'Opruimen, zei ik. Vort.'

Intussen hebben Milou en Lucas ook de bovenverdieping doorzocht. Het kompas zagen ze niet, maar ze zagen wel de jurk met bloemen die hen op het spoor van Braaksel heeft gebracht. En Milou kwam in een kast op de overloop het hoedje tegen dat Braaksel tijdens de diefstal van het kompas ophad.

'We hebben nog één kans,' zegt Lucas en hij doet de deur van de slaapkamer open.

'Help! Daar zit hij! Die rat zit op het voeteneind van het bed.' Hij trekt meteen de deur weer dicht.

'Gadver, in haar slaapkamer. Wie heeft er nou een rat in zijn slaapkamer?'

'Ik ga daar niet naar binnen, hoor,' zegt Lucas. 'Het zou wel héél toevallig zijn als het kompas daar in de kast ligt.' 'Misschien ligt het kompas wel onder haar kussen,' zegt Milou. 'Dat is onze laatste kans. We hebben overal gekeken.'

'Ik durf het echt niet,' zegt Lucas.

'Dan doe ik het,' zegt Milou. Ze telt tot drie, doet de deur heel snel open en ze kijkt naar de rat, maar die blijft

stilletjes zitten. Ze rent naar het bed, kijkt onder het kussen. Het kompas ziet ze niet, maar er ligt wel een sleutel aan een ketting. Ze grist hem onder het kussen vandaan en voelt aan de kast, maar die zit op slot.

'Geen kompas, maar wel een sleutel.'

'Dat is de sleutel van het speelparadijs,' zegt Lucas.

'Die nemen we mee,' zegt Milou. 'Dan kan ze hem helemaal niet meer op slot doen.'

Lucas heeft een appje van Lotte. Hij leest het snel.

'Komt Braaksel eraan?' vraagt Milou.

'Nee,' zegt Lucas, 'maar we hebben geluk gehad.' Hij leest voor hoe Lotte haar heeft tegengehouden en bang heeft gemaakt met de zwevende sleutel.

'Haha, die dacht dat ze de geesten van Alie en Greta had laten ontploffen,' zegt Milou.

'Nu ze denkt dat ze nog bestaan, moeten we haar nog banger maken,' zegt Lucas. 'Zo bang, dat ze het kompas toch aan ons geeft. Kom mee, ik heb een plan, we gaan.'

'Moeten we de ladder niet opruimen?' fluistert Milou als ze buiten staan.

Lucas schudt zijn hoofd. 'We komen straks terug.'

Zo snel als ze kunnen, racen ze naar het laboratorium.

Onderweg heeft Lucas het plan aan Milou verteld. Ze is heel enthousiast. Ze smijten hun fiets neer voor het laboratorium. Zodra ze binnen zijn haalt Lucas het skelet uit de kast. Hij stopt fietslampjes die ze hebben gekocht in de ogen.

'Nu de brief nog,' zegt Lucas en hij pakt een papier en houdt weer een aansteker onder de hoeken. Als het papier er een beetje verbrand uitziet, geeft hij een pen aan Milou.

Milou gaat achter het bureau zitten. 'Wat moet ik precies schrijven?'

Lucas dicteert: 'Gifslang, je hebt nog één kans. Vanavond om halfzeven ligt het kompas in de oude emmer naast Alies voordeur. Zo niet, dan verander jij ook in een rammelend skelet.'

'Super!' zegt Milou.

'O, daar heb je Thijs,' zegt Lucas en hij neemt op. 'Hoi, Thijs.'

'Hey! Hebben jullie het kompas gevonden?' vraagt Thijs.

'Nee,' zegt Lucas, 'jammer genoeg niet, maar we hebben wel een keigoed plan.' En hij vertelt wat hij met het skelet van plan is en leest de brief voor, die inmiddels af is.

'Top!' zegt Thijs. 'Maar waarom vanavond al?'

'Luister,' zegt Lucas, 'ik weet bijna zeker dat ze zo bang is voor die geesten van Alie en Greta dat ze nu wél het kompas gaat brengen. Maar voor die tijd wil ze ons natuurlijk laten verdwijnen. Misschien morgen al, op school. Die kans geven we haar lekker niet, daarom moet het zo snel, snap je?'

'Heel goed van jullie,' zegt Thijs en dan hangt Lucas op.

'Waar denk je aan?' vraagt Milou als ze de rimpel in Lucas' voorhoofd ziet.

'We hebben een probleem,' zegt Lucas. 'Ik weet bijna zeker dat Braaksel de emmer in de gaten houdt als ze het kompas erin heeft gestopt en dan ziet ze ons.'

'Je hebt gelijk,' zegt Milou, 'misschien blijft ze wel net zo lang tot ze ziet dat het kompas eruit gehaald wordt. Weet je wat we doen? We zetten in de brief dat ze moet vertrekken zodra ze het kompas in de emmer heeft gestopt.'

Milou zit al klaar om het op te schrijven.

'Wacht even,' zegt Lucas, 'dat doet ze natuurlijk nooit.

We moeten dreigen. Zet er maar in dat ze meteen moet vertrekken, omdat we die rotkop van haar niet meer willen zien. Zo niet, dan zullen we je krijgen.'

Milou begint te schrijven.

'Prima,' zegt Lucas als Milou de brief laat zien. 'Nu moeten we snel terug, voordat het te laat is.'

Pijlsnel racen ze terug naar het huis van Braaksel. De ladder staat nog aan de achterkant onder het raam. Weer gaan ze naar binnen. Lucas doet de deur naar de huiskamer open en zet het skelet rechtop in een stoel. Hij doet de lampjes aan. Er knippert rood licht in de ogen.

'Wat eng!' zegt Milou. 'Ik zou me doodschrikken als ik thuiskwam en er zat een skelet in mijn stoel.'

Lucas pakt de brief en legt hem op de schoot van het skelet. En dan gaan ze.

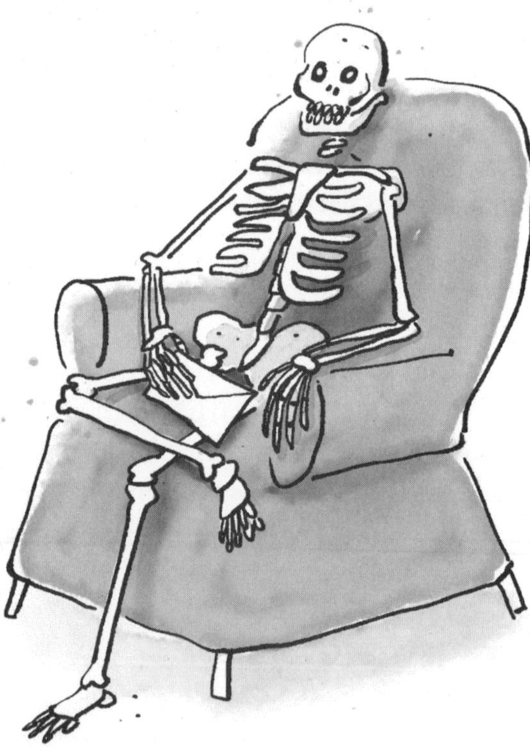

Meestal blijft juf Brakel wel tot het eind van de middag op school, maar vandaag rijdt ze veel vroeger naar huis.

De hele weg bonkt het in haar hoofd. Ze moet van die geesten af, maar hoe? Ze dacht nog wel dat ze zo'n briljant plan had, maar ze hebben zelfs de explosie overleefd. Om te beginnen moet het kanon weer terug naar het hek. Ook moet ze weer een afscheiding van zout maken. En op de deur hangt ze deze keer tien strengen knoflook. Hoe kan ze die geesten vernietigen? Stel je voor dat het echt niet kan... Dat het waar is wat ze zeggen en dat ze haar altijd blijven treiteren. Ze moet zich opnieuw in de wereld van de geesten verdiepen. Er moet iets bestaan waarmee ze die akelige geesten kan uitschakelen.

Juf Brakel rijdt haar fiets de schuur in. Ze heeft geen idee dat vier van haar leerlingen zich in de struiken hebben verstopt.

Thijs, Lotte, Milou en Lucas willen de reactie van Braaksel horen als ze de kamer in komt en ze houden zich muisstil.

Ze knijpen in elkaars hand als Braaksel de sleutel in het slot steekt. Nog geen drie seconden later horen ze een hartverscheurend gekrijs.

'Wegwezen!' zegt Milou. Ze rennen de tuin uit.

Trillend en krijtwit staat juf Brakel met de brief in haar hand.

'Wat moet ik nou?' mompelt ze hardop. 'Als ik doe wat ze vragen en het kompas in de emmer voor de deur van Alies huis leg, dan laten ze mij verdwijnen. Maar dit kan ik ook niet langer verdragen. Ik word ziek van angst. Voor het eerst in mijn leven weet ik geen oplossing. Die adders hebben me in de tang.'

Ze gaat op de bank zitten en denkt na. En opeens weet ze het. Ze kunnen haar helemaal niet laten verdwijnen, want ze hebben de gebruiksaanwijzing niet. Ze komen er nooit achter hoe het kompas werkt. Ze kan het dus rustig in de emmer achterlaten. Maar ze wil eerst die vier mispunten van kinderen laten verdwijnen. Zodra ze morgen op school komt. Maar dan leest ze nog eens goed wat er in de brief staat. 'Voor vanavond halfzeven.' Ze kijkt naar haar feestjurk die al klaar hangt voor de grote dag morgen. Dat kan ze dus wel vergeten. Of ze moet het kompas toch houden.

Ze griezelt als ze naar het skelet kijkt. Zo wil ze er over een tijdje niet uitzien. Dat heeft ze niet voor die rotkinderen over. Ze bedenkt wel wat anders om hen uit de weg te ruimen.

Ze wil het kompas uit de buik van de rat halen, maar dan bedenkt ze zich. Ze neemt geen risico en knipt de buik niet open. In de buik zit het veilig. Zo meteen verliest ze dat ding onderweg. Straks stopt ze het met rat en al in de emmer. Alie snapt wel dat het kompas in de buik van de rat zit verstopt. Wie weet kunnen ze weer vrienden worden nadat ze de rat heeft teruggegeven en het kompas ook aan hen heeft overgedragen. Misschien mag ze het kompas dan zelfs wel die ene belangrijke dag lenen? Dan kan haar feestdag toch doorgaan.

Hoe langer ze erover nadenkt, hoe blijer ze wordt. Ze moet er alles aan doen om weer vrienden te worden. Dan gaat ze haar lievelingssoep klaarmaken. Als ze dan vanavond thuiskomt, hoeft ze niet meer te koken.

28

Lottes moeder weet niet beter dan dat Lotte bij Thijs eet. En Thijs' ouders denken dat Thijs bij Lotte eet. Lucas en Milou hebben thuis net zoiets verteld.

Ze zitten met z'n vieren in het laboratorium. Lucas kijkt naar Milou.

Milou haalt haar verrekijker tevoorschijn. Ze denkt aan Braaksel en dan ziet ze haar. 'Ze loopt met een pakje onder haar arm naar haar fiets.'

'Wat zit erin?' vraagt Thijs.

'Dat kan ik niet zien,' zegt Milou. 'Ze doet het nu in haar fietstas.'

'Rijdt ze weg?' vragen ze.

'Wacht even, ze staat nog naast haar fiets. Ja, ze stapt op haar fiets.'

'En nu?' Vol spanning kijken ze naar Milou. 'Welke kant gaat ze op?'

'Ze rijdt in de richting van het bos. O nee, misschien gaat ze links afslaan. Toch niet, ze rijdt door. Ja, ze rijdt naar het bos.'

'Yes!' roepen ze.

Milou geeft de verrekijker aan Lucas. 'Kijk jij maar, ik vind het te spannend.'

Lucas denkt aan Braaksel en dan kijkt hij door de verrekijker. 'Ze rijdt het bospad op, jongens. Het kan niet anders of ze stopt straks het kompas in de emmer.'

Lucas krijgt gelijk. Hij ziet door de verrekijker dat Braaksel doorrijdt tot het huis van Alie. 'Ze stapt af, haalt iets zwarts uit haar tas en loopt naar de emmer. Ze stopt het erin!' roept Lucas uit.

'Nu komt het spannendste,' zegt Lotte. 'Gaat ze zich verstoppen, of doet ze wat in de brief staat?' Van de spanning knijpen ze in elkaars hand.

Ze kijken naar Lucas. 'Wat doet ze? Gaat ze weg?' vraagt Thijs.

'Ik hoop het zo,' zegt Milou.

'Ze loopt naar haar fiets,' zegt Lucas. 'Ze stapt op haar fiets! Ze rijdt weg, jongens! Braaksel rijdt weg. De kust is veilig, we kunnen het kompas gaan pakken!' Voor de zekerheid kijkt Lucas nog een keer, maar Braaksel rijdt echt over het bospad. Hij geeft de verrekijker terug aan Milou. Milou stopt hem meteen in haar zak terug. Van blijdschap dansen ze door het laboratorium.

Juf Brakel rijdt over het bospad. Het bevalt haar niks dat ze het kompas zo heeft moeten achterlaten. Het liefst had ze gezien dat Alie of Greta het uit de emmer haalde. Waarom moest ze eigenlijk meteen weg? Ze denkt aan wat er in de brief stond. *We willen je rotkop nooit meer zien.* Heel vreemd, aangezien ze eerst dreigden om haar altijd te blijven treiteren. Dan zagen ze haar toch ook? En op school dan? Toen ze die sleutel van het speelparadijs door de gang lieten zweven? Toen wilden ze zeker wel haar rotkop zien.

Ineens voelt ze dat er iets niet klopt. Zijn die brieven wel van Alie en Greta? Zweefde die sleutel wel door de gang op school? Of heeft een van die rotkinderen er iets mee te maken? Dat daardoor de poort steeds openstond? Hoe langer ze erover nadenkt, hoe zekerder ze ervan wordt dat die vier misselijke kinderen erachter zitten. 'Ik zal jullie krijgen!' zegt ze hardop. 'Ik zal ervoor zorgen dat dit de laatste keer is dat ik last van jullie heb. Stelletje monsters!' Dan keert ze om en rijdt pijlsnel terug naar het huis van Alie.

'We are the champions!' Zingend van vreugde lopen Lotte, Thijs, Milou en Lucas door het bos naar Alies huis.

'Het is ons gelukt!' roept Milou. Ze zijn zo blij! Zelfs als Max achter een konijn aan rent wordt Lotte niet boos op hem.

'Laat hem maar lekker,' zegt Thijs. 'Max heeft ook feest! Net als wij!'

'Ik vond het zo spannend!' zegt Lotte. 'Rij nou weg, dacht ik toen ze het kompas in de emmer had gestopt. Rij alsjeblieft weg!'

'Als ze niet was weggegaan was ons hele plan verpest,' zegt Lucas.

'Maar dat is niet zo!' roept Thijs en ze beginnen weer te zingen: *'We are the champions!'*

Lotte kijkt toch nog maar een keer om. 'Max!' roept ze, maar hij komt niet.

Als Milou nog een keer door haar verrekijker had gekeken, had ze gezien dat juf Brakel verstopt zit tussen de struiken in Alies tuin. Maar de vier weten niet beter dan dat ze is weggereden. Van verre zien ze het huis van Alie al.

'Even met ons hand in de emmer,' zegt Lucas, 'en wij hebben het kompas.'

Juf Brakel gluurt door de struiken, maar ze ziet niemand. De twijfel slaat toe. Klopt het wel wat ze dacht? Zitten die kinderen hier wel achter? Stel je voor dat het toch de geesten van Greta en Alie zijn die haar angst aanjagen. *Als je niet zorgt dat je meteen weg bent, branden we je huis plat,* bonkt het in haar hoofd. Moet ze niet weggaan? Als het die misselijkmakende kinderen waren, dan hadden ze het kompas toch allang uit de emmer gehaald? Zo meteen komt ze bij haar huis aanrijden en staat het in de fik.

Ze springt overeind om weg te gaan, maar dan hoort ze gezang in de verte.

'We are the champions!' klinkt het door het bos.

Juf Brakel herkent de stemmen meteen. Dus toch, denkt ze. Dat stelletje ellendige misbaksels heeft mij dit allemaal aangedaan. Ze denkt aan wat ze Lucas op het plein hoorde zeggen. *Wij weten wel iemand die we willen laten verdwijnen...*

Het gezang komt dichterbij. Juf Brakel duikt nog dieper weg, zodat ze haar zeker niet kunnen zien. 'Daar zijn jullie!' fluistert ze. 'Ik lust jullie rauw!'

Ze kijkt naar de kinderen die regelrecht naar de emmer lopen. Naar Lucas die zijn hand erin steekt.

Lucas slaakt een gil. 'Er zit een rat in. Braaksel heeft die rat uit haar huis in de emmer gestopt in plaats van het kompas!' roept hij.

Juf Brakel springt op. 'Dit hadden jullie niet verwacht, hè, stelletje monsters?' In twee stappen staat ze bij de emmer en grist de rat eruit.

'Ik zal jullie krijgen. Vier vliegen in één klap.' Ze draait haar hand boven de rat, drie keer naar links en dan naar rechts.

Maar Lucas heeft door wat er gebeurt. 'Pas op! Het is een opgezette rat, het kompas zit erin! Ze laat ons verdwijnen.'

'Help!' roept Lotte. 'Help ons!'

Juf Brakel begint vals te lachen. 'Wie het laatst lacht, lacht het best!' Ze draait nog een keer naar rechts en richt de rat op de kinderen. Ze wil 'ploef' roepen. Maar net als ze haar mond open wil doen komt Max de tuin in gestormd en springt hij woest tegen juf Brakel op.

Nu richt juf Brakel de rat op Max, maar Max springt tegen de rat op en de rat draait naar juf Brakel. 'Ploef!' roept Lucas. En voordat ze beseffen wat er gebeurt, is Braaksel verdwenen.

Het is doodstil in de tuin. Met open mond kijken ze naar de plek waar Braaksel net nog stond. Ze kunnen het bijna niet geloven.

Lucas is de eerste die iets zegt. 'Ze is weg! Ze is verdwenen.' Ze kijken om zich heen, maar ze zien haar nergens. Alleen haar fiets staat er nog. En dan dringt het langzaam tot hen door.

'We zijn van haar af!' roept Lotte.

Ze vallen elkaar van blijdschap om de hals. 'Dit is niet

te geloven,' roept Thijs. 'We hebben er alles aan gedaan om haar weg te krijgen en nooit lukte het en nu heeft ze het zelf gedaan.'

'Wat was dat eng! Hoe kan het nou dat ze zich toch had verstopt? Ze reed toch weg?' zegt Lotte.

'Ja, ze reed echt weg,' zegt Lucas. 'Ik snap het ook niet. Maar met Braaksel weet je het nooit. Gelukkig maakt het niks meer uit. We zijn van haar af!' Ze springen in de rondte.

'Mijn vader kan eindelijk weer thuiskomen,' zegt Milou. 'Ik ben zo blij! We brengen het kompas meteen naar de politie.'

'Natuurlijk,' roepen Lotte en Thijs. 'En daarna vieren we feest!'

Maar ze zien aan Lucas' gezicht dat hij het er niet mee eens is. Maar hij zegt niks.

'Gadver,' zegt Lotte die naar de rat kijkt. 'Wie haalt het kompas uit dat beest? Ik durf het niet.'

'Ik doe het wel,' zegt Milou.

'Maar niet hier,' zegt Lucas. 'Pak de rat maar, dan gaan we in het laboratorium precies bedenken hoe we dit gaan aanpakken.'

De drie anderen begrijpen er niks van. Ze snappen niet wat er valt aan te pakken. Eindelijk kunnen ze het kompas naar het politiebureau brengen!

'Luister,' zegt Lucas als ze met z'n vieren in het laboratorium zijn. 'Het is geweldig wat er is gebeurd. En we gaan ook feestvieren. Van Braaksel zijn we voorgoed verlost. Het beste wat ons kon overkomen. Maar het is ook belangrijk dat jouw vader vrijkomt, Milou. Als jij met het kompas naar de politie gaat, dan denkt de politie dat het in jullie huis lag en is je vader toch schuldig.'

Nu snappen ze wat Lucas bedoelt.

'En wij kunnen dat ook niet zomaar doen,' zegt Lucas, 'wij zijn jouw vrienden. Dan denkt de politie waarschijnlijk dat jij het aan ons hebt gegeven. We moeten helemaal niet naar de politie gaan. We moeten het kompas naar het museum brengen.'

'Het museum is gesloten nu,' zegt Thijs.

Lucas knikt. 'Maar de schoonmaker is er nog wel. Dan zeggen we dat we iets heel belangrijks hebben gevonden en dat we de directeur willen spreken.'

'Dan vragen ze natuurlijk waar we het kompas hebben gevonden,' zegt Milou.

'Op de stoep voor het museum,' zegt Lucas. 'Met een brief erbij waarin de dief zegt dat hij last heeft van zijn geweten. Omdat nu de verkeerde persoon vastzit. Een man die haar alleen heeft willen helpen.'

'Maar dat zien ze toch, als we het kompas en de brief neerleggen?' zegt Lotte. 'Er hangen overal camera's bij de ingang.'

Lucas knikt. 'Ze moeten het ook zien, dat is juist goed. Ze moeten zien dat iemand van ons het neerlegt. En dan komen de drie anderen langs en zien het liggen.'

'Maar dat zien ze dan toch ook op de camera,' zegt Milou. 'Leuk bedacht, maar dat kan niet.'

'Dat is juist de bedoeling,' zegt Lucas. 'Ze zien dan alleen niet een van ons, maar dat oude vrouwtje dat het kompas heeft gestolen.'

'Vet! Ik snap het al,' roept Lotte blij. 'Een van ons moet zich verkleden als oud vrouwtje.'

'Het lijkt me logisch als Milou dat doet,' zegt Lucas. 'Jij bent vanochtend in Braaksels huis geweest. Jij weet waar je de jurk en zo moet vinden.'

Milou knikt. 'Maar dan ga ik wel even oefenen hoe ik moet lopen, en zo.'

'En wat denk je van ons. Wij moeten ook oefenen,' zegt Lotte, 'want het moet wel echt lijken dat we het kompas opeens voor de deur van het museum ontdekken.'

'We oefenen net zo lang tot het er heel echt uitziet,' zegt Lucas. 'Maar eerst dat kompas uit de rat halen.'

Milou pakt de opgezette rat erbij. Ze vindt het best spannend, maar het lukt haar om de buik met een schaar open te knippen.

'Ieuw!' roept Thijs en hij draait zijn gezicht weg.

'Haha, aansteller!' roept Lotte en ze kijkt geïnteresseerd toe hoe Milou het kompas eruit haalt.

Met de gifgroene jurk met blauwe bloemen aan en de hoed op, komt Milou over het tuinpad van het huis van juf Brakel kromgebogen aanlopen. Lotte en Thijs steken hun duim op.

'Je ziet er echt uit als een oud vrouwtje,' zegt Lotte.

Lucas heeft de ladder opgeborgen in de schuur en komt met een vuilniszak met het skelet erin hun kant op.

Milou vindt het heel spannend wat ze gaan doen. De anderen zeggen ook niet veel onderweg. Ze rijden eerst langs het laboratorium om het skelet in veiligheid te brengen en dan gaan ze naar het museum. Aan het eind van de straat, zetten ze hun fiets neer.

'Wij wachten hier,' zegt Lucas. Hij geeft het kompas en de getypte brief aan Milou. 'Toitoitoi.'

Milou telt tot drie, haalt diep adem en loopt dan met kleine pasjes en een krom ruggetje naar het museum. Ze voelt dat ze trilt als ze het kompas en de brief voor de deur van het museum legt. Ze doet het precies zoals ze het

hebben geoefend, draait zich heel langzaam om en schuifelt weg. De drie anderen wachten tot Milou ver genoeg is doorgelopen. Dan gaan ze ook naar het museum.

'Moet je nou zien,' zegt Lotte als ze bij het museum zijn, en ze wijst naar de deur.

Nu komen Lucas en Thijs ook bij haar staan. 'Dat is een kompas,' zegt Lucas. 'Volgens mij is het heel oud.'

'Is dat niet dat gestolen kompas?' vraagt Thijs.

Lotte pakt het op en bekijkt het. 'Ik denk het wel. Er ligt ook een brief bij. We moeten het teruggeven, voordat het weer wordt gepikt.' Ze voelen aan de deur, maar die zit op slot. Lotte belt aan. Het duurt even, maar dan komt er een man aangelopen. Hij doet de deur open. 'Het museum is gesloten,' zegt hij.

'Wij willen de directeur graag spreken,' zegt Lucas. 'We hebben iets heel belangrijks te vertellen.'

De man aarzelt. 'Kan het echt niet wachten tot morgen?'

'Nee,' zegt Lucas. 'Belt u haar alstublieft, en vertel haar dat wij het gestolen kompas hebben gevonden.'

'Een ogenblikje.' De man durft hen niet binnen te laten en sluit de deur. Ze zien dat hij zijn telefoon uit zijn zak haalt en belt. Dan maakt hij de deur voor hen open. 'De directeur komt er onmiddellijk aan, komen jullie maar binnen.'

Ze hoeven niet lang te wachten. Na minder dan tien minuten komt Irma Jonkers het museum binnen.

'Kijkt u eens, mevrouw, wat we hebben gevonden.' Lotte laat het kompas en de brief zien.

De directeur slaat haar hand voor haar mond. 'Dat is ons kompas. Wat geweldig dat het terug is. Waar hebben jullie het gevonden?'

'We liepen langs en toen zagen we het voor de deur van het museum liggen. Met deze brief.'

De directeur scheurt de envelop open. 'De dief schrijft dat ze spijt heeft. Wat een geluk. Ik ben zo blij dat het terug is.' Ze loopt met het kompas naar de vitrine waar hij lag.

'Raar, hè?' zegt ze. 'Ik had het plekje vrijgehouden, alsof ik voelde dat het terug zou komen. Ik kan jullie niet vertellen hóé blij ik ben. Maar ik moet dit wel melden bij de politie uiteraard.'

Nu wordt het pas echt spannend, denken ze alle drie als ze op de politie wachten. Ze denken aan Milou die de kleren meteen zou uittrekken en ze ergens onderweg in een afvalbak zou dumpen.

Het duurt een tijdje, maar dan komt er een rechercheur binnen.

'Zo,' zegt hij. 'Ik hoor dat jullie het gestolen kompas hebben gevonden.'

Lucas vertelt waar het lag en dat ze gewoon langsliepen.

'Zagen jullie iemand weglopen?' vraagt de rechercheur.

'Nee, helemaal niemand, het lag er gewoon, met die brief erbij.'

'Natuurlijk zijn we heel blij dat jullie zo eerlijk zijn geweest en het hebben teruggegeven aan het museum. Maar voor ons is ook belangrijk wie het daar heeft neergelegd. Want er staan helaas geen naam en adres onder de brief.'

'Denkt u, dat u daar achter kunt komen?' vraagt Thijs.

'Degene die het heeft teruggelegd, moet op de videobeelden staan,' zegt de rechercheur. 'En die gaan we nu bekijken. Komen jullie maar mee.'

De rechercheur gaat hun voor naar een andere ruimte. Intussen is de persoon die de video bedient ook gekomen. Terwijl ze allemaal klaarstaan, zet hij de video aan. Hij spoelt door. 'Aha, daar zie ik iets.'

Ze zien Milou in de kleren van juf Brakel. Ze legt het kompas neer.

'Dat lijkt wel hetzelfde vrouwtje dat het kompas heeft gestolen,' zegt de man die de video bedient. 'Ik heb de video van de diefstal al zo vaak teruggekeken. Ik herken die gifgroene bloemetjesjurk en dat hoedje.'

Als de film doorloopt zie je dat ze met z'n drieën aan komen lopen.

Ze houden hun adem in. Zou de rechercheur geloven dat ze het kompas ontdekken?

'Ik heb het al gezien,' zegt de rechercheur. 'Jullie verhaal klopt helemaal. De dief heeft het kompas teruggelegd. En nu is het weer in het museum.'

'Maar, eh... Wij zagen op het *Jeugdjournaal* dat er een man vastzat. Die heeft het kompas dus niet gestolen. Dan is hij toch onschuldig? Dat vind ik zielig voor die man,' zegt Lotte.

'Dat komt helemaal goed,' zegt de rechercheur. 'Maak je daar maar geen zorgen over.'

Als ze buiten staan voelen ze pas dat ze honger hebben. 'Het is halfacht,' zegt Lucas. 'We hebben nog net tijd om een frietje te scoren.'

'Yes!' daar hebben ze alle drie wel zin in.

Lucas stuurt een appje naar Milou. *Kom je ook naar Friet van Piet?*

Hij krijgt meteen een appje terug met een duimpje omhoog en een hartje.

'Was het gezellig bij Lucas?' vraagt Milous moeder als Milou thuiskomt.

Milou vindt het moeilijk om tegen haar moeder te liegen, maar ze kan het echt niet vertellen. 'Heel gezellig,' zegt ze.

'Wat hebben jullie gegeten?'

'Eh, friet,' zegt ze gauw. 'Friet met appelmoes.'

'Dan had je wel geluk,' zegt haar moeder lachend. Dan zet ze het journaal aan.

'Goedenavond,' begint de nieuwslezer en hij noemt de belangrijke items op die besproken zullen worden.

Milou heeft geen geduld om ernaar te kijken. Ze kan alleen maar aan haar vader denken. Zouden ze hem nu snel vrijlaten?

Ze wil naar boven gaan. Maar halverwege de trap blijft ze staan. 'Het antieke waardevolle kompas dat uit het Stadsmuseum was verdwenen, is terecht,' hoort ze de nieuwslezer zeggen.

'Milou!' roept haar moeder opgewonden. Milou rent de kamer in. 'Drie kinderen hebben het kompas vanavond voor de deur van het museum teruggevonden,' hoort ze de presentator zeggen. 'Uit de videobeelden blijkt dat de oude vrouw die het had gestolen, het daar nu heeft teruggelegd. Er werd een brief gevonden waarin de dief verklaart dat de persoon die nu vastzit op verdenking van medeplichtigheid niets met de diefstal te maken heeft. Hiermee is de onschuld van de verdachte bewezen. Hij zal onmiddellijk worden vrijgelaten.'

'Papa komt thuis!' juicht Milou. Ze valt haar moeder om de hals. Milous moeder drukt haar tegen zich aan. Milou ziet tranen van vreugde in haar moeders ogen.

En dan wordt er aangebeld. Milou rent naar de deur.

'Papa!' Ze springt in haar vaders armen.

29

Het is alweer drie dagen geleden dat juf Brakel is verdwenen. Niemand begrijpt wat er is gebeurd. Het bestuur van de school heeft de politie ingeschakeld, maar ook zij kunnen geen spoor van juf Brakel ontdekken.

Lotte, Thijs, Lucas en Milou zijn de enigen die weten dat ze is verdwenen en nooit meer terugkomt. Milou heeft nog door de verrekijker gekeken en heel hard aan Braaksel gedacht, maar ze zag niks. Ze zijn zo opgelucht!

Alle leerlingen zijn blij en ze merken dat de juffen en de meesters stiekem ook heel blij zijn. Maar de leerlingen zijn ook bang dat ze opeens toch weer komt opdagen.

De politie heeft zelfs een oproep op de televisie gedaan, maar ook daar is niets uitgekomen. Ze hebben haar huis doorzocht, maar uit niets bleek dat ze van plan was weg te gaan. Integendeel, op het gasfornuis stond zelfs een pan soep, klaar om opgewarmd te worden. Het is een groot raadsel.

De burgemeester houdt een toespraak voor de radio. De hele school luistert in de aula. Hij prijst juf Brakel de hemel in. Dat vinden de leerlingen al vreselijk om te horen. Maar waarmee hij de toespraak afsluit, zijn ze het al helemaal niet eens. 'We moeten de hoop niet opgeven dat de liefste juf van de provincie gezond en wel zal terugkeren,' zegt hij. Meteen als hij dat heeft gezegd klinkt in de aula een keihard boegeroep.

'Soms denk ik dat ze ineens door het hek komt,' zegt Daan in de pauze.

'Ik ook,' zegt Zoë. 'Ik durf gewoon niet te geloven dat we van haar af zijn.'

Ze kijken naar de voorzitter van het schoolbestuur, die vandaag op school is. Hij is nu met juf Evi aan het praten.

'Wat zou hij komen vertellen?' vraagt Bram.

Zodra hij weg is gaan ze naar juf Evi toe.

'Hebben ze juf Brakel gevonden?' vraagt Daan bang.

'Nee,' zegt juf Evi. 'De voorzitter kwam vragen of ik zolang de taken van juf Brakel over wil nemen.'

'Yes!' roepen ze. 'Juf Evi wordt de directeur!' Ze dansen om haar heen.

'Lucas,' zegt zijn vader, 'ik had je beloofd dat je na drie weken van je nieuwe school af mag als je dat wilt. Zeg het maar, wat wil je?'

'Ik wil blijven,' zegt Lucas. 'Ik vind het veel te fijn op deze school. En ik heb ook heel veel vrienden.'

Nu Braaksel voorgoed is verdwenen, hoeft hij nergens meer bang voor te zijn. Het komt ook door Milou dat hij wil blijven. Maar dat zegt hij niet want dan gaat zijn vader hem er misschien mee plagen.

'Fijn, jongen,' zegt zijn vader. 'Heel verstandig dat we toen niet meteen actie hebben ondernomen. Zo zie je maar weer, nooit in een opwelling een belangrijke beslissing nemen.'

Met z'n vieren staan ze voor de deur bij juf Evi. Nog voor ze aan kunnen bellen gaat de deur al open.

'Wat gezellig,' zegt juf Evi, 'komen jullie zomaar even langs?'

'Nee, we hebben een verrassing voor u,' zegt Lotte.

'Dat klinkt goed.' Juf Evi houdt de deur open. 'Komen jullie maar even binnen.' Ze lopen de kamer in. 'Even de televisie uitzetten,' zegt ze.

'Ik hoor net op het nieuws dat ze de kleren die de dief bij de beroving van het kompas droeg in een afvalbak hebben gevonden.'

Milou schrikt. Stel je voor dat ze erachter komen dat zij het was.

'Heeft iemand gezien dat de dief ze daarin gooide?' vraagt Lucas.

'Ik neem aan van niet,' zegt juf Evi. 'De politie zei dat ze het onderzoek naar de dief nu staken. Het is onmogelijk om die nog op te sporen.'

Ze halen opgelucht adem.

'Maar daar komen jullie niet voor, denk ik,' zegt juf Evi.

'Nee, we komen iets aan u geven wat u al heel lang kwijt bent. Of nee, eigenlijk was u vader het kwijt.' Milou haalt de verrekijker uit haar tas.

'Hoe komen jullie daar nou aan?' vraagt juf Evi stomverbaasd. 'Dit is 'm, dit is de verrekijker die mijn vader verloren is! Wat geweldig!' Ze pakt de verrekijker en kijkt erdoor. 'Wat zou mijn vader blij zijn geweest als hij dit wist.'

'Ik heb hem in de kringloopwinkel gekocht,' zegt Milou. 'En u wilde toch weten waarom het zo'n bijzondere verrekijker is?'

'Jammer genoeg kan mijn vader me dat niet meer vertellen,' zegt juf Evi.

'Maar ik wel,' zegt Milou en ze legt juf Evi uit wat de verrekijker kan en hoe het moet.

'Ik ben er stil van,' zegt juf Evi. 'En ik vind het heel lief dat ik hem van je terugkrijg. Als jullie hem nog eens nodig hebben, mogen jullie hem altijd lenen.'

'We hebben hem niet meer nodig,' zegt Lucas. Braaksel is toch weg, denken ze alle vier, maar ze houden hun mond.

30

Lucas is blij voor het museum dat ze het kompas weer terug hebben, maar hij vindt het ook jammer. Er zijn nog zoveel vragen waar hij het antwoord op wilde vinden. Hij wil bijvoorbeeld weten wat er met de persoon die verdwijnt, gebeurt. Lost die op?

Daarom zit hij vandaag weer in het laboratorium achter de computer. Hij hoopt dat hij toch nog ergens informatie vindt. Hij zit al een paar uur achter de computer, maar behalve de informatie die hij al had, vindt hij niets nieuws. Toch geeft hij de moed niet op. Hij heeft nog een halfuur voordat zijn vrienden hem komen halen.

Ze gaan met de hele klas vieren dat Braaksel weg is. Hun droom is uitgekomen, de droom van alle leerlingen van de school. Ze zijn voorgoed van Braaksel af. Inmiddels verwacht ook niemand meer dat ze nog terugkomt. De politie is nog wel aan het zoeken, maar zonder resultaat. En het beste nieuws is dat juf Evi nu hun directeur is. Het is meteen veel fijner op school. Al die misselijke regels van Braaksel zijn door juf Evi meteen afgeschaft.

Milou heeft zonder dat iemand het zag het speelparadijs opengemaakt en nu gaat het nooit meer dicht. Ze mogen vanaf nu wel weer hun verjaardag vieren en de juffen en meesters ook. Ze gaan weer op schoolreisje en dierendag is weer ingevoerd. En er komt weer een groot aquarium in de hal. Juf Evi zorgt er ook voor dat de beloofde kinderboerderij er snel komt.

Lucas zit nog steeds ingespannen achter het scherm van de computer als hij opveert. Hij heeft het gevonden. Meer gegevens over het kompas. Opgewonden probeert hij de stappen van de uitvinder te volgen. 'Nee, help!' roept hij ineens uit, en hij grijpt naar zijn hoofd. Is het waar wat daar staat? Leest hij het wel goed? Voor de zekerheid leest hij het drie keer opnieuw. De conclusie van de uitvinder zelf: *Ook al is het gelukt om iemand te laten verdwijnen, hoelang of hoe kort iemand wegblijft is nog onzeker.*

Lucas is radeloos. Wat verschrikkelijk. Braaksel kan dus terugkomen! Ze zijn helemaal niet voorgoed van haar af. Hoe moet hij dit aan zijn vrienden vertellen?

Hij ijsbeert door het laboratorium als de deur opengaat.

'Het feest gaat beginnen!' Max stuift met een strik om op hem af.

Lucas kijkt naar de stralende gezichten van zijn vrienden.

'We gaan vieren dat we voorgoed van haar af zijn,' zegt Lotte. Ze kijkt naar Lucas. 'Is er iets?'

'Eh, nee, er is niets.' Hij wil het geluk van zijn vrienden niet verpesten. 'Kom op,' zegt hij. 'We gaan feesten!'

Hij kijkt naar zijn vrienden die van blijdschap over het pad dansen. Jullie moesten eens weten, denkt hij.

chips

Heb jij de andere boeken over Juf Braaksel al gelezen?

Carry Slee
met
illustraties van
Iris Boter
Juf
Braaksel
en het
meesterbrein

Carry Slee
met illustraties van
Iris Boter
Juf Braaksel
en de geniale ontsnapping

Carry Slee is een van de meest succesvolle kinderboekenschrijvers van Nederland. Tien keer won ze de Prijs van de Nederlandse Kinderjury en vijf keer de Jonge Jury. Van haar boeken zijn al meer dan 5 miljoen exemplaren verkocht. *Juf Braaksel en de mysterieuze verdwijning* is het vierde deel in de populaire *Juf Braaksel*-serie voor kinderen van 8 jaar en ouder.